INHALTSVERZEICHNIS

ÄTHERISCHE ÖLE

Obwohl die Verwendung ätherischer Öle in der Aromatherapie nicht neu ist, hat sie in den letzten Jahren einen regelrechten Boom erlebt. Immer mehr Menschen verwenden ätherische Öle anstelle von künstlichen Duftstoffen in der Küche, in der Psychologie und in der Medizin. Je mehr wir ätherische Öle verwenden, desto mehr begeistern wir uns für sie, und es fällt schwer, sich an eine Zeit zu erinnern, in der "Aromatherapie" ein unbekannter Begriff war.

• • • ● • ● • • •

Was sind ätherische Öle?

Was also ist ein "ätherisches Öl"?

Ein ätherisches Öl ist ein flüchtiges Öl. Es ist der Teil einer Pflanze, der sich schnell von der Pflanze löst und in die Luft entweicht. Das ätherisches Öl ist das Signalsystem der Pflanze. Es lockt beispielsweise die Bienen an, die für die Bestäubung und damit für die Erhaltung der Art notwendig sind. Oder Fressfeinde werden durch einen unangenehmen Geruch abgeschreckt.

Die Encyclopedia Britannica beschreibt den Begriff wie folgt:

"Ätherisches Öl, leicht flüchtige Substanz, die durch einen physikalischen Prozess aus einer duftenden Pflanze einer einzigen botanischen Art extrahiert wird.... Solche Öle wurden als ätherisch bezeichnet, weil man glaubte, dass sie die Essenz des Geruchs und des Geschmacks darstellten".

Ätherische Öle sind also konzentrierte natürliche Flüssigkeiten, die aus Pflanzen isoliert werden. Sie werden durch Destillation, Kaltpressung oder Extraktion mit Lösungsmitteln aus verschiedenen Pflanzenteilen wie Blättern, Blüten, Früchten, Rinden oder Wurzeln gewonnen. Diese Öle enthalten die natürlichen Aromastoffe und andere aktive Verbindungen der Pflanzen, die für ihren charakteristischen Duft und oft auch für ihre therapeutischen Eigenschaften verantwortlich sind.

Ätherische Öle werden seit Jahrhunderten in der Aromatherapie, Kosmetik, Parfümerie, Medizin und sogar in der Lebensmittelindustrie verwendet. Die Anwendungen sind vielfältig und reichen von der Aromatherapie zur Entspannung und zum Stressabbau bis hin zur Behandlung bestimmter Krankheiten.

Es gibt heute eine Vielzahl von ätherischen Ölen, von Lavendelöl über Teebaumöl bis hin zu Zitronenöl und Pfefferminzöl. Jedes ätherische Öl hat seine eigenen charakteristischen Eigenschaften und Anwendungen. Einige sind für ihre beruhigende oder entspannende Wirkung bekannt, andere für ihre anregende oder erfrischende Wirkung.

In diesem Buch befasse ich mich mit der Wirkung ätherischer Öle auf unser emotionales Erleben. Ich werde erklären, wie ätherische Öle uns helfen können, emotionales Wohlbefinden zu erlangen, Stress abzubauen und möglicherweise bei der Bewältigung von Symptomen zu helfen, die wir seit Jahren erleben.

Obwohl ätherische Öle auch in der Medizin und Kosmetik vielfältig eingesetzt werden, ist dies nicht das Thema dieses Buches.

• • • ● • ● • ● • • •

Geschichte

Die ersten Aufzeichnungen über ätherische Öle stammen aus dem alten Indien, Persien und Ägypten. Das antike Griechenland und Rom trieben Handel mit ätherischen Ölen mit dem Orient. Und in der Bibel werden ätherische Öle als Wohlgerüche, Salben, Aromastoffe, Parfums und süße Heilmittel erwähnt.

In den meisten Zivilisationen wurden duftende Kräuter sowohl für medizinische als auch für rituelle Zwecke verwendet. In der Regel wurden die Öle und Ölextrakte von den schwereren Bestandteilen der restlichen Pflanze getrennt. Viele dieser Öle waren reich an ätherischen Ölen. Es waren Öle, die auch heute noch verwendet werden, wie z.B. Myrrhe, Zimt, Weihrauch, die wegen ihrer Düfte geschätzt und in der gesamten antiken Welt bis zur Entwicklung der modernen westlichen Welt, wie wir sie heute kennen, verwendet wurden.

Die "Gewürze" wurden verbrannt, in Trägeröle eingelegt und sogar grob destilliert. Bei dieser Grobdestillation entstanden die heute so genannten "Hydrolate",[1] die geringe Mengen ätherischer Öle aus dem Destillationsprozess enthalten. Das hochwertige, konzentrierte Öl, wie wir es heute haben, gab es damals noch nicht, weil man noch nicht wusste, wie man mit Wasserdampf destilliert.

• • • • ● • ● • ● •

Aromatherapie

Der Begriff "Aromatherapie" ist relativ neu in unserer Geschichte und wurde von dem französischen Chemiker Rene-Maurice Gattefossé in den 1930er Jahren geprägt. Seine Arbeiten führten zum modernen Verständnis von ätherischen Ölen als therapeutische Mittel für Gesundheit und Heilung. Gattefossé hatte sich bei einer chemischen Explosion im Labor die Hand verletzt und suchte nach einem Heilmittel. Er begann, ätherische Öle aus verschiedenen Pflanzen zu isolieren. Er vermutete - zu Recht - eine heilende Wirkung dieser Öle.

Die Entwicklung von der Isolierung zur gezielten Verwendung ätherischer Öle als separate, konzentrierte Verbindungen zur Erzielung therapeutischer Ergebnisse hat unser heutiges Verständnis von ätherischen Ölen geprägt. Gattefossés Arbeit führte zur Entwicklung von Fläschchen mit reinen ätherischen Ölen, isoliert von anderen Verbindungen, mit denen sie normalerweise in der komplexen Zusammensetzung einer Pflanze interagieren.

Dank Pionieren wie Gattefossé entwickelte sich die Gewinnung ätherischer Öle zu der Wissenschaft, die wir heute kennen.

Der Begriff Aromatherapie wurde geprägt, um die Begriffe Aroma und Therapie miteinander zu verbinden und auf den therapeutischen Nutzen von Düften hinzuweisen. Dies ist immer noch der Kern der Aromatherapie, aber die Verwendung von ätherischen Ölen hat sich auf viele Arten und für viele Zwecke erweitert.

Herstellung und Anwendung

Bei ätherischen Ölen extrahieren die Hersteller kleine Mengen ätherischen Öls aus dem ganzen Pflanzenteil und konzentrieren es so, dass es das einzige Produkt der verwendeten Pflanze ist. Dies geschieht meist durch Wasserdampfdestillation, um die Tröpfchen freizusetzen. Diese werden zuerst freigesetzt und dann aufgefangen.

Da es sich um eine mengenmäßig kleine Extraktion eines sehr großen Anteils einer Pflanze handelt, werden für die Herstellung auch nur eines Fläschchens mit 5 ml ätherischem Öl große Mengen der jeweiligen Pflanze benötigt. Das ist der Grund, warum viele Öle - insbesondere hochwertige Öle - so kostenintensiv sind. Wenn wirklich nur das Öl verwendet werden soll, und zwar ohne Zusätze, dann werden sehr viele Pflanzen für den Herstellungsprozess benötigt.

$$\bullet \cdot \bullet \cdot \bullet \cdot \bullet \cdot \bullet \cdot \bullet \cdot \bullet \cdot \bullet \cdot \bullet$$

Herstellung ätherischer Öle

Heute werden ätherische Öle durch verschiedene Verfahren hergestellt.

- **Destillation:** Dies ist das gebräuchlichste Verfahren zur Gewinnung ätherischer Öle aus Pflanzenmaterial. Bei der Wasserdampfdestillation wird das Pflanzenmaterial in einen mit Wasser gefüllten Destillierkolben gegeben. Dampf wird durch das Material geleitet, wodurch die ätherischen Öle freigesetzt werden. Der Dampf wird anschließend abgekühlt, um Wasser und ätherisches Öl zu trennen, wobei das Öl auf der Wasseroberfläche schwimmt und abgeschöpft wird. Dies ist das am häufigsten gebrauchte und wichtigste Verfahren.

- **Kaltpressung:** Dieses Verfahren wird häufig zur Gewinnung ätherischer Öle aus Zitrusfrüchten wie Orangen, Zitronen und Grapefruits eingesetzt. Die Schalen der Früchte werden mechanisch gepresst, um die ätherischen Öle freizusetzen. Das entstehende Gemisch aus Öl und Saft wird anschließend getrennt, wobei das ätherische Öl oben schwimmt und abgeschöpft oder abgetrennt wird.

- **Extraktion:** Bei diesem Verfahren werden Lösungsmittel wie Alkohol, Hexan oder Kohlendioxid verwendet, um die ätherischen Öle aus dem Pflanzenmaterial zu extrahieren. Das Pflanzenmaterial wird mit dem Lösungsmittel in Kontakt gebracht, wodurch die ätherischen Öle extrahiert werden. Anschließend wird das Lösungsmittel entfernt, so dass das reine ätherische Öl zurückbleibt.

Die Anwendung von ätherischen Ölen

Die wichtigsten Anwendungskategorien sind:

- Inhalation

- Örtliche Anwendung

- Innerlich (Verzehr)

Inhalation

Die Inhalation ist nicht nur die älteste Anwendungsform ätherischer Öle in der Aromatherapie, sondern wahrscheinlich auch die sicherste. Öle, die in Wasser gegeben und dann in der Raumluft zerstäubt werden, sind aufgrund ihrer geringen Konzentration bei richtiger Anwendung für die meisten Menschen relativ ungefährlich.

Eine direktere Wirkung lässt sich erzielen, wenn man das Öl direkt aus dem Flakon einatmet oder einige Tropfen auf ein Tuch gibt. Auf diese Weise gelangen die ätherischen Öle direkt in die Atemwege und Schleimhäute.

• • • • • • • • • •

Topische (lokale, äußerliche) Anwendung

Die topische Anwendung geht einen Schritt weiter als die traditionelle Aromatherapie durch Inhalation. Sie ist bereits aus der Massagetherapie bekannt, wo ätherischen Öle häufig für Massageanwendungen verwendet werden. Da die Haut für das Öl durchlässig ist, können die Nerven auch direkt stimuliert werden, wenn das Öl direkt auf die Haut aufgetragen wird.

Im Gegensatz zur weiträumigen Verteilung über Lufttröpfchen bei der Inhalation ist die lokale Anwendung von ätherischen Ölen viel direkter.

In der Theorie und in der beruflichen Praxis können einige ätherische Öle unverdünnt auf die Haut aufgetragen werden. Am sichersten ist jedoch die verdünnte Anwendung. Trägeröle wie Oliven-, Kokos-, Jojoba- und Avocadoöl haben in der Regel ihre eigenen Vorteile, und Sie können einfach ein paar Tropfen in einen Teelöffel geben, um die Öle zu verdünnen und mögliche Reizungen zu vermeiden.

•••••••••••

Innere Anwendung (Verzehr)

Die innere Anwendung bedeutet, ein Öl wird verzehrt. Dies ist jedoch eine umstrittene Darreichungsform, deshalb werde ich sie in diesem Buch nicht diskutieren und auch nicht empfehlen. Einige Öle sind sehr wohlschmeckend und bekömmlich, wie beispielsweise Zimtöl, das man in Kuchenteig geben kann. Aber andere Öle sind es nicht, daher werden in diesem Buch keine Rezepte für innere Anwendung gegeben.

•••••••••••

Phototoxische Öle

"Phototoxisch" bezieht sich auf die Eigenschaft eines Stoffes, giftig oder schädlich zu sein, wenn er Licht, insbesondere ultraviolettem Licht, wie auch in Sonnenlicht enthalten, ausgesetzt wird. Der Begriff wird häufig im Zusammenhang mit bestimmten Chemikalien, Arzneimitteln oder Stoffen verwendet, die unter Lichteinwirkung toxisch (also giftig) werden können. Ursache für die Eigenschaft eines Öls, "phototoxisch" zu sein sind das in dem Öl enthaltene Bergapten.[2]

Bergapten wird häufig in der Medizin und in der Kosmetikindustrie verwendet. Es ist bekannt für seine Fähigkeit, die Haut lichtempfindlicher zu machen, was bei der Behandlung von Hautkrankheiten wie Psoriasis, Vitiligo und bestimmten Arten von Ekzemen ausgenutzt werden kann. Es wird häufig in Verbindung mit UV-Lichttherapie verwendet, um die Wirkung des Lichts zu verstärken und die Wirksamkeit der Behandlung zu verbessern.

• • • ● • ● • • •

Da phototoxische Öle die Haut lichtempfindlicher machen, können diese Öle einen Sonnenbrand verursachen. Es ist daher problematisch, phototoxische Öle, wie beispielsweise Orangen, Limetten oder Zitrone auf die Haut aufzutragen und dann nach draußen in die Sonne zu gehen oder sich auf eine Sonnenbank zu legen.

Als Faustregel gilt: Innerhalb von zwei Stunden vor dem Sonnenbad oder dem Gang auf die Sonnenbank sollten keine phototoxischen Öle auf die Haut aufgetragen werden.

• • • • • • • • • • •

Phototoxische Öle (eine Auswahl)

Angelikawurzel (angelica archangelica), Bergamotte (citrus bergomia), Cumin (cuminum cyminum), Grapefruit (citrus paradisi), Zitrone, gepresst (citrus limon), Limette, gepresst (citrus aurantiifolia), Orange, bitter (citrus aurantium).

• • • • • • • • • • •

Nicht-Phototoxische Öle (eine Auswahl)

Bergamotte (citrus bergamia), Zitrone (citrus limon), Limette (citrus medica), Manderine (citrus reticulata), Sweet Orange (citrus sinensis), Yuzu Öl (citrus juno).

• • • ● • ● • ● • ● • •

---

1. Das Hydrolat, auch Pflanzenwasser, Blütenwasser oder aromatisches Wasser genannt, ist ein Nebenprodukt des Destillationsprozesses zur Gewinnung ätherischer Öle aus Pflanzen. Während der Destillation wird Dampf durch das Pflanzenmaterial geleitet, wodurch die ätherischen Öle extrahiert werden. Dieser Dampf wird anschließend abgekühlt und kondensiert, wobei sowohl die ätherischen Öle als auch das Hydrolat anfallen.

2. Bergapten, auch bekannt als 5-Methoxypsoralen (5-MOP), ist eine chemische Verbindung, die zur Gruppe der Psoralene gehört. Psoralene sind eine Klasse natürlicher oder synthetischer Verbindungen, die in bestimmten Pflanzenarten vorkommen und phototoxische Eigenschaften aufweisen, insbesondere wenn sie ultraviolettem Licht ausgesetzt werden.

GEFÜHLE UND GERUCH

Ätherische Öle sind ein natürliches, nicht-invasives und einfaches Mittel. Die Öle haben sowohl olfaktorische (Geruch) als auch transdermale (lokal, auf die Haut aufgetragen) Eigenschaften, so dass sie leicht inhaliert und/oder auf die Haut aufgetragen werden können, um den Parasympathikus zu aktivieren.

Die Aktivierung des parasympathischen Teils unseres autonomen Nervensystems ist die Voraussetzung für jede Art von körperlicher oder seelischer Heilung. Solange sich das autonome Nervensystem im Zustand der dominanten Aktivierung des Sympathikus befindet (es sind immer beide Stränge aktiv, aber einer dominiert), bereitet sich der Körper mental und physisch darauf vor, Energie zu verbrauchen, sich zu mobilisieren, zu kämpfen oder zu fliehen. In diesem Zustand kann er sich nicht erholen. Er kann sich erst erholen, wenn der (die) parasympathische(n) Strang(e) dominant aktiv ist (sind).[1]

In diesem Kapitel möchte ich über den Prozess des Riechens sprechen und erläutern, wie dieser Prozess bewirken kann, dass der Parasympathikus aktiviert wird. Das ist der Kern der emotionalen Heilung mit Duftölen.

· · ● · ● · ● · ● ● ·

Das Signalsystem der Pflanze

Im letzten Kapitel wurde gezeigt, dass die moderne Aromatherapie ihren Anfang nahm, als man nach Möglichkeiten suchte, verletzte Haut zu heilen und zu diesem Zweck begann, ätherische Öle aus Pflanzen zu isolieren. Es hat sich aber auch herausgestellt, dass das, was wir heute als ätherische Öle bezeichnen, eigentlich das Signalsystem der Pflanze ist. Die Pflanzen, die sich ja nicht bewegen können, brauchten etwas, um Signale über weite Strecken zu senden - etwas, um Tiere anzulocken oder abzuschrecken. Viele Pflanzen möchten gerochen werden. Das ist ihre Art zu kommunizieren.

Pflanzen können sich nicht bewegen. Sie haben auch keine Sprache. Und doch sind sie in der Lage, bei anderen Lebewesen ein für sie erwünschtes Verhalten auszulösen. Das Mittel dazu ist das Auslösen von Gefühlen in anderen Lebewesen. Da alle Gefühle und Emotionen Handlungstendenzen haben, ist es der Pflanze mit Hilfe von Ölen möglich, in einem anderen Lebewesen ein für sie erwünschtes Verhalten zu bewirken.

Deshalb müssen sich die ätherischen Öle leicht von der Pflanze lösen. Sie müssen leicht in die Nase des riechenden Tieres oder Menschen gelangen können. Aus diesem Grund muss sich das später isolierte Öl auch leicht mit Wasser vermischen und so mit dem Dampf in die Luft gelangen, was mit einem Diffusor genutzt wird.

• • • ●• ● •• •

Natürlich nutzen nicht nur Pflanzen den Geruchssinn anderer Lebewesen zur Kommunikation. Auch Tiere tun dies, sie senden Signale aus, um zum Beispiel Sexualpartner anzulocken, oder um sich anderen Artgenossen kenntlich zu machen.

Damit dieser Kommunikationskanal funktionierte, musste sich das entwickeln, was wir heute den Geruchssinn nennen.

Eines der wichtigsten Systeme, die das Gehirn nutzt ist das olfaktorische System. Der Fachausdruck für Geruchssignale lautet "olfaktorische Signale" oder einfach "Olfaktion". Das Olfaktionssystem ist das System im menschlichen Körper, das für den Geruchssinn verantwortlich ist. Es umfasst die Sinneszellen in der Nasenschleimhaut, die Geruchsmoleküle erkennen, sowie die Nervenbahnen, die diese Informationen zum Gehirn übertragen, wo sie verarbeitet werden.

Damit Öle und andere chemische Signale ihren Zweck erfüllen konnten, musste der Geruchssinn eng mit bestimmten emotionalen und körperlichen Bedürfnissen verknüpft sein. Das Signal musste vom Tier je nach Situation als angenehm oder unangenehm empfunden werden, sonst hätte es nicht die erwünschte Handlung ausgelöst.

Ein Tier oder ein Urmensch musste in der Lage sein, ohne kognitive Konzepte anhand des Geruchs zu erkennen: Hier ist ein interessanter Sexualpartner, dort droht Gefahr, hier ist ein gefährliches Raubtier, und diese Pflanze könnte gut schmecken.

Wie gesagt, ohne kognitive Konzepte, nur aufgrund des Instinkts musste richtig gehandelt werden - richtig im Sinne des Überlebens. Das heißt, die jeweiligen Geruchssignale mussten sofort und unmittelbar Gefühle auslösen. Gefühle, die dann die Motivation für bestimmte Handlungen lieferten: Laufen, Fressen, Fliehen, Kämpfen, Kopulieren.

Gerade weil Gerüche so leicht Gefühle auslösen, können sie uns heute helfen, uns selbst zu regulieren, mit überwältigenden oder unangenehmen Gefühlen umzugehen. Denn sie können diese unangenehmen Gefühle in ihrer Intensität abschwächen oder sogar ganz verschwinden lassen, indem sie neue, erwünschte Gefühle hervorrufen. Sie können das autonome Nervensystem und seine Aktivität in eine für uns erwünschte Richtung lenken und so zur Selbstregulation beitragen.

●　•　•　•　●　•　●　•　●　•　•　•

Öle, die ursprünglich für andere Zwecke gedacht waren, können also Gefühle auslösen, die unangenehme Gefühle beim Menschen mildern oder sogar ganz aufheben. Dies bedeutet eine Verbesserung der mentalen Fähigkeiten, da das, was wir "Stress" nennen, reduziert wird - mehr dazu in Kapitel 3 und Kapitel 5.

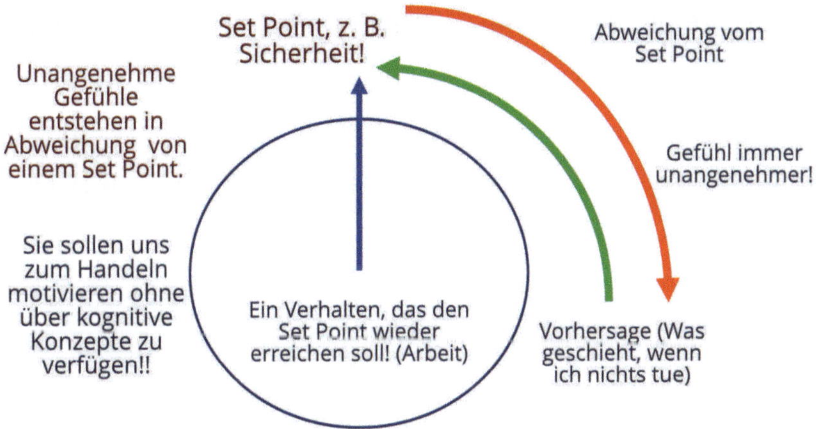

Abbildung 1: Gerüche können das Bewusstsein so in Anspruch nehmen, dass Menschen ohne Nachzudenken handeln.

Der schnellste Sinn von allen

Der Geruchskanal, unsere Nase, ist von allen Sinnen der schnellste ins Gehirn. Hier ist die Blut-Hirn-Schranke am dünnsten, und der Geruchssinn übertrumpft alle anderen Sinne. Die Forschung schätzt,[2] dass der Geruchssinn 10.000 Mal empfindlicher ist als andere Sinne.

Der Geruchssinn ist somit der Sinn, der uns am unmittelbarsten erreicht. Alle anderen Sinneseindrücke müssen erst im Gehirn verarbeitet werden. Die anderen vier Sinneswahrnehmungen wie Hören, Sehen, Schmecken und Fühlen müssen erst andere Hirnregionen durchlaufen, bevor sie das limbische System, das System für unsere Gefühle, erreichen.

Düfte haben den direkten Zugang zu diesem emotionalen Zentrum des Gehirns, dem limbischen System. Kein anderes Sinnessystem hat einen so direkten und intensiven Kontakt zu den neuronalen Substraten des emotionalen Kontrollzentrums im Gehirn.

Beim Geruchssinn erreichen uns die Moleküle direkt, ohne Verarbeitungsschritt oder Veränderung. Gerüche sind in der Lage, sofort unser Bewusstsein zu erobern und uns regelrecht zum Handeln zu zwingen.

• • • • • • • • • •

Die Dominanz des Geruchsinns ist Teil unseres evolutionären Erbes. Raubtiere haben einen spezifischen, unverwechselbaren Geruch, und unsere Vorfahren mussten so schnell wie möglich fliehen, wenn sie diesen Geruch wahrnahmen. Leichen riechen so, wie sie riechen, um uns davor zu warnen, uns mit fressenden Raubtieren anzulegen oder uns mit Krankheiten anzustecken. Kot stinkt, weil das signalisiert, dies ist keine bekömmliche Nahrung.

Feuer riecht man über große Entfernungen, und wenn man einmal Feuer gerochen hat, ist man alarmiert und kann sich nicht mehr gemütlich und besinnlich zurücklehnen und entspannen. Das ist so gewollt. Gerüche lassen uns emotional und instinktiv handeln. Im Guten wie im Bösen.

Wir müssen richtig handeln, ohne kognitive Konzepte zu haben. Und manchmal müssen wir sehr schnell handeln, ohne lange nachzudenken, wenn es auf ein paar entscheidende Sekunden ankommt.

Überdies, unsere Vorfahren konnten nicht analysieren, warum bestimmte Nahrungsmittel aus medizinischen oder ernährungsphysiologischen Gründen bekömmlich sind. Aber sie konnten sich daran erinnern, dass etwas Gutes so gerochen hat.

So wie wir Raubtiere und Feuer riechen können, riechen wir auch Nahrung, Wasser, andere (vertraute) Menschen und eben auch Pflanzen. Wer kennt es nicht, dass es in der Küche so lecker riecht, dass man Hunger bekommt? Auch das ist gewollt. Wir sollen essen können, wenn es etwas zu essen gibt.

Der Prozess des Riechens

Der Riechvorgang beginnt in der Nasenhöhle, wo sich spezialisierte Nervenzellen, die Riechzellen, befinden. Diese Zellen enthalten Rezeptoren, die auf bestimmte chemische Moleküle in der Luft reagieren. Wenn diese Moleküle in die Nasenhöhle gelangen, binden sie sich an die Rezeptoren und lösen elektrische Signale aus, die über den Riechnerv zum Gehirn geleitet werden.

Die Riechnervenfasern verbinden sich also mit den Bereichen des Gehirns, die als Riechkolben und Riechkortex bekannt sind. Der Riechkolben ist Teil des limbischen Systems, das wie gesagt, eng mit Emotionen, Gedächtnis und Motivation verbunden ist. Informationen über Gerüche werden an den Riechkortex weitergeleitet, wo sie verarbeitet und interpretiert werden.

Wenn Sie zum Beispiel an einer Blume riechen, lösen sich die flüchtigen organischen Verbindungen, die von der Pflanze abgegeben werden und gelangen in die Schleimhaut der Nasenhöhle. Dort stimulieren die Moleküle die Geruchsrezeptoren und die Riechnervenzellen leiten die Signale von den Rezeptoren zum Riechkolben im Gehirn, der die Eingangssignale des Blumenduftes filtert und verarbeitet.

Sogenannte Mitralzellen[3] leiten die Ausgangssignale des Riechkolbens an die Riechrinde weiter, so dass Sie den süßen Duft der Blume wahrnehmen und erkennen können.

Damit der Geruchssinn seine oben genannten Aufgaben erfüllen kann, führen die Mitralzellen nicht nur zum olfaktorischen Kortex, sondern leiten die Signale des Blumenduftes auch an andere Bereiche des limbischen Systems des Gehirns weiter.

Einige Mitralzellen sind mit der Amygdala verbunden. Die Duftmoleküle gelangen also direkt und ohne Umwege in die Amygdala (Teil des limbischen Systems) und können diese entweder beruhigen - was bei der Verwendung von Duftölen angestrebt wird - oder aktivieren, also "Stress" auslösen. Die Amygdala ist sozusagen der Gefahrenmelder des Gehirns und kann in Verbindung mit anderen Teilen des Gehirns, wie z.B. dem Gedächtnis, sehr schnell und intensiv Angst auslösen. Um Angst zu beruhigen, muss der PFC (Neokortex) in der Lage sein, die Aktivität der Amygdala zu dämpfen. Dies kann durch Duftöle erreicht werden.

Die Amygdala arbeitet mit dem präfrontalen Kortex und dem vorderen Teil des Gehirns zusammen. Ein Beispiel: Stellen Sie sich vor, Sie gehen spazieren und die Amygdala sieht etwas auf dem Boden und denkt, es ist eine Schlange und flippt aus.

Dann kontaktiert sie den frontalen Kortex und der sagt: "Nein, nein, nein. Das ist nur ein Stock. Es ist alles in Ordnung." Je mehr Energie man auf die Stirn, den frontalen Kortex, lenken kann, desto mehr kann man den rational denkenden Teil des Gehirns aktivieren, und der schnellste Weg, die Stirn, den frontalen Kortex zu aktivieren, ist zu riechen. Denn unter Stress wird dieser Teil des Gehirns sukzessive heruntergefahren. Deshalb können (und sollten) wir unter Stress keine komplexen Entscheidungen treffen - wir sind einfach nicht dazu in der Lage.

Weil die olfaktorische Kommunikation ein so wichtiger Teil unseres evolutionären Erbes ist, können wir nicht nicht riechen. Wenn es um uns herum stark riecht, riechen wir, und wenn wir nicht riechen wollen, müssen wir uns die Nase zuhalten oder sie verstopfen. Solange wir riechen, reagieren unser Gehirn und unser Nervensystem auf den Geruch, und das kann man nicht willentlich entscheiden und kaum willentlich beeinflussen.

Ziel des Einsatzes von Aromaölen zur emotionalen Heilung ist es, positive Stimmungen zu erzeugen, eben weil das Nervensystem direkt auf Gerüche reagiert und der Neokortex, der unter Stress möglicherweise weitgehend in seiner Leistungsfähigkeit eingeschränkt ist, umgangen werden kann.

Eines ist jedoch wichtig zu wissen. Auch wenn wir Menschen eine instinktive Basis haben - für die meisten Menschen riechen Rosen angenehm und Feuer macht Angst - ist die emotionale Bedeutung von Gerüchen erlernt. Der Zusammenhang zwischen: "Dieser Geruch signalisiert verfügbare Kalorien" oder "Dieser Geruch signalisiert Gefahr" ist beim Menschen nicht angeboren, sondern erlernt. Gerüche erreichen uns sehr schnell und unmittelbar, aber die Bedeutung eines Geruchs, das möchte ich noch einmal betonen, ist nicht angeboren, sondern erlernt.

Das kann man nutzen, um erwünschte Verhaltensweisen mit einem Duft zu verbinden. Das ist auch als klassische Konditionierung bekannt.[4] Man kann dem Gehirn also beibringen, wie man Verbindungen herstellt: Immer wenn du diesen Duft riechst, möchtest du unbedingt viel Schokolade - und die Werbung tut das auch. Alle Produkte enthalten Düfte.

Man kann das gleiche Prinzip aber auch nutzen, um ein automatisiertes Verhalten zu erzeugen wie: Immer wenn du diesen Duft riechst, möchtest du *keine* Schokolade mehr. Ätherische Öle können also auch in der Verhaltenstherapie eingesetzt werden.

Wir finden etwas gut riechend, weil wir gelernt haben, etwas Positives damit zu verbinden. Manche Menschen riechen bestimmte Käsesorten sehr gerne. Manche nicht. Manche Menschen können sich buchstäblich nicht riechen.

Wenn also in der Literatur über Duftöle steht, dass Zitrone angenehm frisch riecht oder Vanille tröstlich, dann ist das eine Interpretation, die wahrscheinlich für viele Menschen zutrifft. Es gibt wahrscheinlich angeborene Neigungen. Aber es gibt keinen Geruch, der für alle Menschen gleich schlecht oder gleich gut ist. Den meisten Menschen wird übel, wenn sie eine Leiche riechen, dem Feuerwehrmann oder dem Pathologen wird nicht mehr übel, sonst wären sie berufsunfähig.

Trauma und Geruch

Wie wir gesehen haben, sind Gerüche eng mit Erinnerungen und möglicherweise sehr intensiven Emotionen verbunden. Das kann bei der Heilung von Traumata helfen, aber auch gefährlich sein. Denn bei schweren Traumata speichert das Gehirn das Erlebnis und die dazugehörigen Sinneseindrücke fragmentiert und nicht mehr als zusammengehöriges Ganzes.

So kann es passieren, dass eine Frau, die vor Jahren auf einer Party vergewaltigt wurde und dies verdrängt hat, an einer Drogerie vorbeikommt, den Duft eines Männerparfums riecht und plötzlich zu schreien beginnt. Da man, wie gesagt, nicht nicht riechen kann, löst das Parfum die unverarbeitete Erinnerung emotional wieder aus - und mit ihr all den Schmerz, den sie erlitten hat. Da aber das Erlebnis selbst nicht mehr bewusst ist, weiß sie nicht, warum sie plötzlich schreit und beginnt vielleicht, sich verrückt zu fühlen.

Dasselbe kann in der Praxis des Duftgesprächs auch mit noch so harmlosen Duftölen geschehen. Wenn jemand mit "Rose" den Moment assoziiert, in dem der Ehemann erst Rosen zum Essen mitbrachte und dann die Scheidung verlangte, dann ist der Duft für diese Person nicht mehr lieblich. Und das ist ein Erlebnis, das beim Duftgespräch plötzlich wieder bewusst werden kann.

Düfte lösen unmittelbar und unweigerlich Emotionen aus. Sehr oft kann dies zur Hilfe oder Selbsthilfe genutzt werden, wenn man weiß, dass der Zusammenhang zwischen Duft und Emotion vielleicht typisch ist (dieser Duft macht eher wach, ein anderer eher schläfrig) und man diese typische Reaktion auch als Landkarte, als Orientierung nutzen kann, um anderen und sich selbst mit Duftölen zu helfen.

Manchmal gibt es aber auch Gefahren, und die Anwender der Aromatherapie müssen sich dessen bewusst und auch für solche Fälle qualifiziert sein, wenn sie mit Menschen über Erinnerungen sprechen.

· · · ● ● · ● · ● · · ·

---

1. Porges, 2018

2. (https://www.researchgate.net/publication/13751335 Emotion_Experienced_during Encoding_Enhances_Odor_Retrieval_Cue_Effectiveness)

3. Mitralzellen sind eine Art von Nervenzellen, die im Riechkolben des Gehirns, insbesondere im Bulbus olfactorius, vorkommen. Der Bulbus olfactorius ist ein Teil des Gehirns, der für die Verarbeitung von Geruchsinformationen zuständig ist. Die Mitralzellen sind eine Schlüsselkomponente dieses Systems und spielen eine wichtige Rolle bei der Weiterleitung von Geruchsinformationen vom Bulbus olfactorius zu anderen Teilen des Gehirns, wie dem olfaktorischen Kortex.

4. Die klassische Konditionierung ist eine Form des Lernens, bei der ein neutraler Reiz mit einem bereits vorhandenen Reiz verknüpft wird, um eine Reaktion auf den neutralen Reiz auszulösen. Ein klassisches Beispiel ist das Experiment von Ivan Pavlov mit Hunden. Pavlov beobachtete, dass Hunde automatisch Speichel produzierten, wenn sie Futter sahen. Dies war die natürliche Reaktion auf das Futter (unbedingter Reiz) und die Speichelproduktion (unbedingte Reaktion). In seinem Experiment spielte er jedoch einen Glockenton ab (neutraler Reiz), bevor er den Hunden Futter gab. Nachdem er dies mehrmals wiederholt hatte, begannen die Hunde bereits bei dem Glockenton zu sabbern, auch wenn sie kein Futter bekamen. Der Glockenton hatte also eine neue Reaktion ausgelöst, die vorher nicht vorhanden war.

WAS IST STRESS?

Die Menschen, die zur Aromatherapie kommen, haben entweder ein allgemeines Unwohlsein wie Schlafstörungen, chronische Beziehungskonflikte oder Probleme mit dem Essen, dem Körpergewicht oder Drogen wie Alkohol oder Zigaretten. Die meisten würden sagen: Ich leide unter Stress.

Das Bedürfnis, ätherische Öle zu verwenden, ist sehr häufig das Bedürfnis, Stress abzubauen. Aber was ist eigentlich Stress? Und, ist Entspannung das Gegenteil von Stress?

Die Antwort lautet: Nein. Entspannung ist eben NICHT das Gegenteil von Stress.

Das Gegenteil von Stress ist Sicherheit.

Ein neues Stressmodell

Bis zur Entwicklung der Polyvagal-Theorie ging man von zwei Bahnen des ANS (Autonomes Nervensystem, von nun an verwende ich die Abkürzung ANS) aus. Der sympathische Teil des ANS und der parasympathische Teil des ANS. Es gab die Dichtonomie von Stress (Aktivierung) und Entspannung (Ruhe, Erholung).

In diesem Modell konnte das ANS nur auf zwei Arten reagieren. Aktivität (Sympathikus) und Entspannung (Parasympathikus). Die sympathische und die parasympathische Aktivierung verhielten sich wie auf einer Wippe. Entweder war das eine oder das andere oben oder das jeweils andere unten. Mehr vom einen bedeutete weniger vom anderen. Wer Stress mit Duftölen abbauen wollte, brauchte nichts weiter zu tun, als ein entspannendes Öl für die betreffende Person zu finden und zu verabreichen.

· · · · · · · · · ·

Abbildung 2: Vor der Entwicklung der Polyvagaltheorie glaubte man, es gäbe nur zwei Zustände ("Stress", Kampf oder Flucht und "Entspannung", Erholung und Aufbau.

Es genügte also im Rahmen dieses Modells, mit Hilfe von Duftölen die Aktivität des Sympathikus zugunsten des Parasympathikus umzukehren, um angeblich die gewünschte Emotionsregulierung zu erreichen.

Dieses Stressmodell erwies sich jedoch als zu einfach. Es zeigte sich, dass das ANS viel komplexer reagiert, als dieses Modell vorhersagen kann.

1994 entwickelte Stephen W. Porges die Polyvagal-Theorie. Die Innovation von Porges war die Erweiterung dieses Modells mit zwei

Komponenten zu einem Modell mit drei Komponenten. Die Neuerung von Porges war die Erkenntnis, dass es nicht ein parasympathisches System gibt, *sondern zwei.*

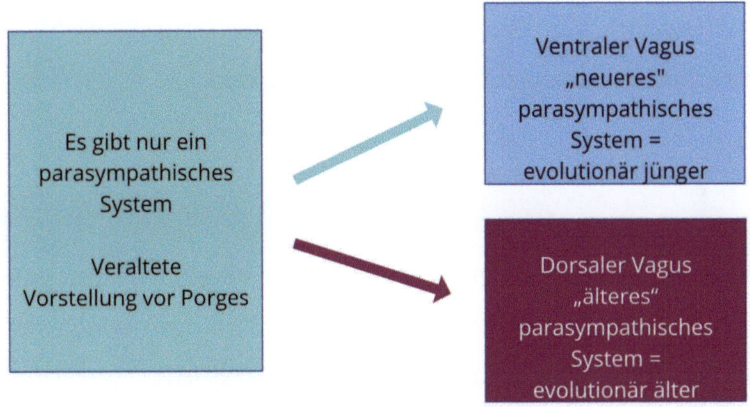

Abbildung 3: Die Erkenntnis von Porges. Der Vagus-Nerv besteht aus zwei Komponenten, die eine verläuft zum Rücken hin (dorsal), die andere zum Bauch hin (ventral).

Porges geht also davon aus, dass der Vagusnerv zwei Äste hat: den ventralen Vagus, der für soziales Engagement und Entspannung zuständig ist, und den dorsalen Vagus, der für Ruhigstellung und Abgrenzung zuständig ist.

Damit gibt es insgesamt 3 Zweige des ANS und sie reagieren alle entsprechend ihrer Funktion auf entsprechende Trigger, *sowohl auf normale Situation als auch auf Trigger für Stressoren.*

• • ● ● • ● • ● ● • •

Die Polyvagaltheorie besagt, dass der Vagusnerv nicht nur eine Funktion hat, sondern aus zwei verschiedenen Strängen besteht, die jeweils unterschiedliche Reaktionen im Körper auslösen.

Die Unterscheidung zwischen diesen beiden Strängen des Vagusnervs ist für die Polyvagaltheorie wichtig, da sie erklärt, wie der Körper auf verschiedene Arten von Stress reagiert und wie diese Reaktionen unser Verhalten beeinflussen. So hilft uns die Aktivierung des ventralen Vagusnervs, mit Stresssituationen besser umzugehen und uns sicherer zu fühlen, während die Aktivierung des dorsalen Vagusnervs den Körper in einen Zustand der Ruhe und Erholung versetzt.

Der ventrale Vagus und die mit ihm verbundenen Teile des Gehirns haben die Aufgabe, in guten Zeiten - in Friedenszeiten - die Führung des ANS zu übernehmen. In Stresssituationen wird diese Führung nach und nach an andere Systeme abgegeben. Der Neokortex ist für die Regulierung unserer Emotionen zuständig, und seine Fähigkeiten sind in Stresssituationen aus evolutionären Gründen eingeschränkt. Das sollte den Weg frei machen für schnelle und instinktive Reaktionen.

Wenn ein Stresssystem zu lange als Abwehrmechanismus benutzt wird, weil das Grundgefühl der Bedrohung zu lange anhält, kommt es zu Krankheiten und emotionalen Problemen.

Das Kernproblem besteht also darin, die Stresssituation zu beenden und dem Gehirn wieder ein Gefühl von Sicherheit zu vermitteln. Hier können Duftöle helfen.

$$\bullet \; \bullet \; \bullet \; \bullet \; \bullet \; \bullet \; \bullet \; \bullet \; \bullet \; \bullet \; \bullet$$

Die Stressreaktionen nach Stephen W. Porges

Wenn wir uns sicher fühlen, dominiert der von Porges als "ventral-vagal" bezeichnete Zustand.

- *Ventral-Vagal:* unterstützt oder löst das Gefühl aus, mit der Umwelt und anderen Menschen sicher umzugehen und sich sozial verbunden zu fühlen. Wird aber nur dominant aktiviert, wenn sich Menschen sicher fühlen.

$$\bullet \; \bullet \; \bullet \; \bullet \; \bullet \; \bullet \; \bullet \; \bullet \; \bullet \; \bullet$$

Dieser Strang ist an sozialen Interaktionen und stressreduzierendem Verhalten beteiligt. Der ventrale Vagusnerv beeinflusst die Gesichtsmuskulatur, die Stimme und die sozialen Signale. Wenn der ventrale Vagusnerv aktiviert wird, fühlen wir uns sicher und verbunden und sind eher in der Lage, mit anderen zu interagieren und soziale Bindungen aufzubauen.

Das emotionale Erleben ist gekennzeichnet durch das Gefühl von Sicherheit, Verbundenheit und sozialem Engagement. Die Bauchseite ist die Vorderseite des Körpers. In diesem Zustand ist Ihr Herz offen und in der Lage, sich mit anderen zu verbinden. Menschen im ventralen Vaguszustand fühlen sich geerdet, präsent und fähig, sinnvolle Beziehungen zu anderen aufzubauen. Man hat auch eine bessere Verdauung, Immunreaktion und Durchblutung und fühlt sich entspannter, denn der ventrale Vagus (VVC), wenn dominant aktiv, übernimmt die Führung über den dorsalen Parasympathikusstrang.

Die zweite unbekannte Reaktionsform des Parasympathikus ist die von Porges als "dorsal-vagal" bezeichnete. Das Gehirn wählt sie als Abwehrmechanismus, wenn es die Situation als aussichtslos oder lebensbedrohlich einschätzt. In Friedenszeiten hat er jedoch die Aufgabe, für Ruhe, Ruhigstellung, Verdauung usw. zu sorgen. Optimal ist die Aktivierung des dorsalen Parasympathikus unter Führung des ventralen Parasympathikus.

· · · ● · ● · ● · ·

- *Dorsal-Vagal:* sorgt dafür, dass wir uns aus der Verbindung mit anderen Menschen lösen. Wir lösen uns auch vom Gefühl der Bewusstheit (Mindfulness) und gehen bei Gefahr in einen schützenden Kollaps. Er entsteht dadurch, dass sich zwei Zweige des autonomen Systems gegenseitig hemmen - in diesem Zustand ist also sehr viel Energie "gespeichert", die entladen werden muss, wenn der Freeze-Zustand wieder verlassen werden soll.

Dieser Nervenstrang ist für die sogenannte "vagale Bradykardie" verantwortlich und aktiviert den sogenannten "Ruhe- und Verdauungsmodus" des Körpers. Wenn der dorsale Vagusnerv aktiviert wird, verlangsamt sich die Herzfrequenz, die Atmung wird tiefer und ruhiger und der Körper entspannt sich. Dieser Teil des Vagusnervs ist mit dem parasympathischen Nervensystem verbunden, das für Entspannung und Regeneration zuständig ist.

Dieser Zustand ist durch Immobilität und Abschaltreaktionen als Abwehrmechanismus gekennzeichnet. In diesem Zustand reagiert der Körper auf überwältigenden Stress, Bedrohung oder anhaltende Traumata (auch zwischenmenschliche Traumata) mit Immobilisierung, also Lähmung. Im Gegensatz dazu steht die Mobilisierung mit erhöhter sympathischer Aktivität. Sie löst eine Kaskade physiologischer Reaktionen aus, um das Überleben zu sichern. Personen, die sich chronisch in einem dorsal-vagalen Abschaltzustand befinden, können Gefühle der Taubheit, der Dissoziation und der Trennung von sich selbst und der Umwelt erleben.

In diesen Situationen schüttet Ihr Körper keine Hormone aus, die Ihnen helfen, zu kämpfen oder zu fliehen, sondern lässt Sie "erstarren" oder "betäuben". Ihr Körper schüttet Chemikalien aus, die wie Schmerzmittel wirken, um die Intensität und den Schmerz jeder geistigen, körperlichen oder emotionalen Verletzung zu dämpfen.

Die dritte Stressreaktion wird von Porges als "mobilisierende" oder "sympathische" Reaktion bezeichnet. Das Gehirn wählt sie, wenn die Situation zwar als bedrohlich, nicht aber als aussichtslos eingeschätzt wird. In Friedenszeiten, unter der Führung des dann aktiven ventralen Vagus, sorgt der Sympathikus für die Bereitstellung von Energie – für Spiel oder für alle Formen von Bewegung oder Arbeit.

- *Sympathikus:* Das ist die Mobilisierende Stressreaktion, die uns zu Kampf oder Flucht befähigt.

Dies bezieht sich auf den sympathischen Zustand der Mobilisierung und Priorisierung von Ressourcen, um auf wahrgenommene Bedrohungen oder Herausforderungen zu reagieren. Während die Mobilisierung in bestimmten Situationen adaptiv sein kann, kann eine anhaltende Aktivierung zu Gefühlen von Stress, Angst und Hypervigilanz führen.

Die Hierarchie der drei Stressreaktionen

Aufgabe aller drei Stressreaktionen in Bedrohungssituationen ist es, die Homöostase, die sichere Ausgangslage wiederherzustellen.

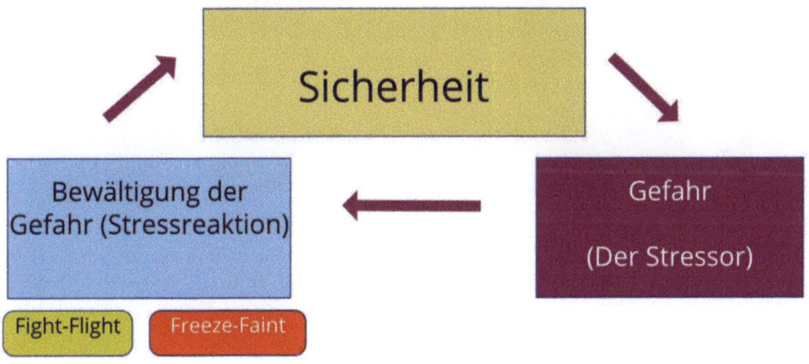

Abbildung 4: Aufgabe der Stressreaktionen ist die Herstellung einer Homöostase (Sicherheit).

Porges hat nun festgestellt, dass das Nervensystem versucht, auf Stressoren abgestuft zu reagieren. Zuerst versucht es, das sympathische Nervensystem zu aktivieren, zu mobilisieren, zu kämpfen oder zu fliehen. Das hat viel mit Bewegung und folglich mit der Mobilisierung von Energie zu tun.

Abbildung 5: Die Hierarchie der drei Stressreaktionen entspricht dem Verhalten von Tieren in der Natur. Beim Menschen werden sie nicht in der gleichen direkten Form gezeigt, sondern modifiziert - oft symbolisch, z.B. durch die Sprache.

• • • • • • • • • •

Wir kämpfen oder rennen - beides Maßnahmen, die uns schnell aus der Gefahrenzone in Sicherheit bringen können. Das Nervensystem wird also erregt, wenn wir eine Gefahr wittern.

Wenn wir die Gefahrenzone verlassen haben, beruhigt sich das Nervensystem wieder. Wir kehren in den Ausgangszustand zurück, einen ruhigen, ausgeglichenen Zustand, den man auch Homöostase, Gleichgewicht, nennt. Die Stressreaktion wird wieder abgeschaltet - und so sind wir eigentlich gemeint.

Damit das Gehirn aber die Stressreaktion wieder abschalten kann, braucht es ein Signal, das es eindeutig als "jetzt ist wieder Sicherheit" interpretieren kann. In freier Natur ist es beispielsweise das Signal: Das Raubtier ist weg, es hat beigedreht und jagt mich jetzt im Moment nicht mehr.

Ein Problem der heutigen Zeit ist, dass unser Nervensystem sehr oft nicht mehr die richtigen Signale erhält. Die meisten unserer Bedrohungen kommen nicht mehr von außen, sondern von innen, aus unserer Vorstellung. Sie bedrohen eher unser Ego als unseren Körper.

Diese imaginären Bedrohungen lösen aber Stressreaktionen aus, die für ganz andere Situationen gedacht sind - Situationen, in denen man zum Beispiel tatsächlich rennen oder kämpfen muss und die mobilisierte Energie auch tatsächlich verbraucht. Sehr viele unserer Symptome wie Süchte, Schlafstörungen, Angstattacken oder auch Essstörungen sind im Grunde Versuche, dem Nervensystem ein Signal zu senden: Beruhige dich, die Gefahr ist vorbei.

Sobald wir lernen, dies auf angemessenere Weise zu tun, können diese Symptome verschwinden. Da wir nicht mehr in dem Kontext leben, für welchen wir konzipiert wurden, brauchen wir ein neues Verständnis unserer Selbst, um die richtigen Signale aktiv aufzusuchen.

Das Nervensystem ist normalerweise im Friedensmodus also in Sicherheit, dann kommt eine Stressreaktion, die hilft ein in der Außenwelt aufgetretenes Problem zu bewältigen. Wenn man entkommen ist, erhält das Gehirn das Signal: "Sicherheit wieder erreicht" und schaltet die Stressreaktion ab.

Aber was passiert, wenn das Problem nicht gelöst werden kann? In der Wildnis bedeutet das, dass uns das Raubtier holt. Heute bedeutet es, dass wir nicht glauben, dass die Gefahr vorüber ist. Der Unterschied ist, wie gesagt, dass es früher klare Signale gab, dass die Gefahr vorüber ist und das Nervensystem von sympathischer auf parasympathische Aktivität umschalten konnte. Heute fehlen uns diese Signale oft und das Nervensystem verharrt in einer sympathischen Überaktivität.

Wenn die Erregung immer stärker wird, weil die konkrete oder die symbolische Flucht immer länger dauert, sind Jäger und Beute irgendwann erschöpft. Da die sympathische Erregung immer mit einer Erhöhung der Herzfrequenz einhergeht, ist aus natürlichen Gründen irgendwann Schluss - schneller als zu schnell kann das Herz nicht schlagen, ohne irgendwann aufzugeben.

Die Aktivierung des Sympathikus lässt sich nicht beliebig steigern. Sie kann weder zeitlich beliebig verlängert noch in ihrer Intensität beliebig gesteigert werden.

• • • • ● • ● • ● • •

Freeze als letzte Lösung

Wenn also das Maximum an möglicher Erregung erreicht ist und folglich kein weiterer Kampf oder keine weitere Flucht mehr möglich ist, dann greift die Natur zu einem letzten "Trick", dem Totstellreflex.

Statt weiter Energie zu mobilisieren und den Organismus auf Hochtouren laufen zu lassen, wird er energetisch gesehen *heruntergefahren*. Diese Strategie haben die Säugetiere evolutionär von den Reptilien übernommen und an ihre Bedürfnisse, vor allem aber an ihre Physiologie angepasst.

Freeze (Totstellreflex) bedeutet: Das Tier stellt sich tot. Manche Raubtiere fressen keine toten Tiere oder lassen kurz von ihm ab. Ist das gejagte Tier noch gesund genug, nutzt es die unbewachte Sekunde und entkommt, denn auch das Raubtier ist von der Jagd völlig erschöpft und kann nicht mehr so schnell verfolgen wie zuvor. Wenn nicht, wenn der letzte Trick nicht funktioniert, stirbt es einen natürlichen Tod.

• • • ● • ● • ● • •

Die Hierarchie der Reaktionen

Die Reihenfolge der Aktivierung unseres Nervensystems bei Stress ist also: Zuerst ventraler Parasympathikus (d.h. wir fühlen uns sicher, ruhig und ausgeglichen), dann Erregung durch Sympathikusaktivierung, schließlich dorsale Parasympathikusaktivierung. Wen der Stresszustand wirklich vorbei ist, wird zur ventralen Parasympathikusaktivierung zurück gekehrt.

Abbildung 7: Auf einer vorbewussten Ebene erfolgt die Einschätzung, ob eine Situation sicher, gefährlich oder lebensbedrohlich ist.

• • • • • • • • • •

Bei der Lösung von Problemen wird diese Reihenfolge eingehalten. Solange wir uns als Menschen noch einigermaßen sicher fühlen, versuchen wir es mit Beschwichtigen und Verhandeln. Wenn die Energie – und die Möglichkeiten – für Kampf oder Flucht noch ausreichen, versuchen wir es damit, auch verbal, vielleicht aber schon körperlich. Und wenn auch das uns nicht in Sicherheit bringt, gehen wir in den Freeze-Zustand.

Es handelt sich um einen funktionalen Zustand. Das heißt, wir erstarren innerlich und nicht äußerlich wie das vom Löwen gejagte Tier. Wichtig ist, dass das Nervensystem in solchen Momenten eben nicht überaktiv, *sondern unteraktiv ist.*

Mit anderen Worten, wenn es dem Nervensystem nicht mehr gelingt, einen bestehenden, chronischen Stresszustand abzuschalten, hat es nur zwei Möglichkeiten: Chronische Sympathikus-Überaktivierung und Freeze-/Fainting-Zustand. Also den Wechsel zwischen Über- und Unteraktivierung.

Die Einschätzung der Gefahrensituation

Wenn die Einschätzung einer Situation die ausgelöste Stressreaktion bestimmt, dann stellt sich die Frage, wie diese Einschätzung entsteht? Ist sie angeboren oder erlernt?

Die Antwort - und das ist sehr wichtig - die Einschätzung findet unterhalb der Schwelle des Bewusstseins statt, und sie ist zum großen Teil nicht angeboren, *sondern wird erlernt.*

Um dies deutlich zu machen, prägte Stephen W. Porges den Begriff der "Neurozeption" in Abgrenzung zum Begriff der "Perzeption" (Wahrnehmung).

In der Praxis bedeutet das, ein hereinkommender Sinneseindruck wird gefiltert und entsprechend zuvor erlernter Bedeutungen interpretiert. Das bedeutet, der Körper reagiert bereits, BEVOR es zu einer willentlichen Regulation kommen kann.

• • • ● ● ● ● ● • •

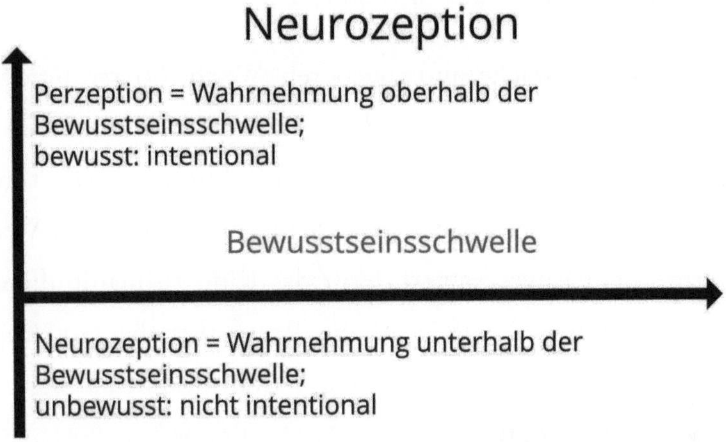

Neurozeption

Abbildung 8: Die Reise eines Sinneseindrucks durch das Gehirn.

• • • • • • • • • • •

Bei allen Stressreaktionen (Fight, Flight, Freeze, Fawn) werden die Kapazitäten des Neokortex, wie schon dargestellt, zugunsten kurzfristiger, instinktiver Reaktionen reduziert. Dies bedeutet, *dass weniger Willenskraft* zur Verfügung steht, da die Willenskraft im Neokortex lokalisiert ist.

Kurzfristige, instinktive Reaktionen, manchmal sehr destruktive Reaktionen gewinnen die Oberhand.

• • • • • • • • • • •

Die Stressreaktionen des Menschen

Stressreaktionen als solche sind angeboren. Welche Stressreaktionen aber typischerweise gewählt werden, wird in der Beziehung zu den Eltern gelernt. Kinder tun das, was ihre Eltern motiviert, mit dem Schimpfen, Schreien oder sogar Schlagen aufzuhören. Wenn ein Elternteil auf Fawn reagiert, lernt das Kind zu manipulieren. Reagiert ein Elternteil auf kindliche Wutausbrüche mit Angst und Beschwichtigung, lernt das Kind, Wutausbrüche zur eigenen Stressbewältigung zu nutzen.

Die meisten Menschen bevorzugen zwei Reaktionen auf Stress. Eine als erste Reaktion und eine als zweite Reaktion, wenn die erste Reaktion nicht funktioniert. Wenn z.B. Fawn und Fight als Reaktionsformen gewählt werden, versucht der Mensch zuerst zu verhandeln und wenn das nicht funktioniert, reagiert er mit Kampf und wird aggressiv.

Diese Stressreaktionen gehen auch mit typischen Emotionen einher, die immer wieder erlebt werden. Manche Menschen erleben chronischen Ärger, andere chronische Scham. Manche Menschen reagieren in allen Situationen, in denen sie sich gestresst fühlen, mit Aggressionen und haben viele zerbrochene Beziehungen. Andere neigen dazu, sich selbst zu verlieren und ihre eigenen Bedürfnisse aufzugeben, indem sie sich chronisch unterordnen.

Manche Menschen neigen also zu einer Über- und andere zu einer Untererregung!

Nachfolgend eine genauere Beschreibung der Stressreaktionen, um sie später im Gespräch mit den Duftölen sicher identifizieren zu können.

•••••••••••

Kampf (Fight)

Der Kampf- oder "Fight"-Zustand ist eine Aktivierungsreaktion des autonomen Nervensystems (ANS), bei der der Körper auf eine Bedrohung mit aktiver Abwehr oder Verteidigung reagiert.

Eine Möglichkeit, die ich habe, wenn der Säbelzahntiger evolutionär kommt, ist, einen Stein aufzuheben, einen Stein zu nehmen und seinen Schädel zu spalten. Und das ist ein Weg, um am Leben zu bleiben.

Bei einer Kampfreaktion wird die Aktivität des sympathischen Nervensystems, einer der Hauptkomponenten des ANS, erhöht, was zu einer Steigerung der Herzfrequenz, des Energieniveaus und der Wachsamkeit führen kann. Diese Reaktion ermöglicht es dem Körper, sich aktiv gegen die Bedrohung zu verteidigen.

Die physische Form des Angriffs ist der körperliche Kampf, in welcher Form auch immer, die psychische Form ist der verbale Angriff, die Demütigung, die Abwertung, die verbale Verletzung.

•••••••••••

Flucht (Flight)

Die Fluchtreaktion ist wiederum ziemlich selbsterklärend. Ich sehe vielleicht ein Raubtier in der Nähe und fliehe im Sinne der menschlichen Interaktion. Es ist wie eine Flucht vor einer Gefahr. Wie auch immer man der Gefahr entkommen und einen sicheren Ort finden kann.

Die Fluchtreaktion erhöht, genau wie die Kampfreaktion, die Aktivität des sympathischen Nervensystems, einer der Hauptkomponenten des ANS, was zu einer Erhöhung der Herzfrequenz, des Energieniveaus und der Wachsamkeit führen kann.

Die durch die Mobilisierung bereitgestellte Energie ermöglicht es dem Körper, sich aktiv von der Bedrohung zu entfernen und Schutz zu suchen. Dies ist die physische Form der Flucht. Die psychische Form der Flucht ist z.B. die Prokrastination, bei der eine Aufgabe über längere Zeit vermieden wird. In Beziehungen wird "nicht darüber geredet" und einer der Partner zieht sich ständig zurück oder macht in der Kommunikation ein steinernes Gesicht. Es wird "jetzt nicht" diskutiert.

• • ● •● • ● • ● • •

Kampf oder Flucht sind also beides Reaktionen, die mit einem Gefühl von Energie einhergehen, sei es Wut oder Aggression (Kampf) oder Angst (Flucht). Auch wenn diese Gefühle nicht angenehm sind, vermitteln sie doch ein gewisses Gefühl von Lebendigkeit.

$$\bullet \cdot \bullet \; \bullet \cdot \bullet \; \bullet \cdot \bullet \cdot \bullet$$

Beschwichtigen (Fawn)

Die "Fawn"-Reaktion ist eine weitere der vier Hauptreaktionen des ANS auf Bedrohung. Es ist das defensive System des Sicherheitssystems - alle kognitiven Fähigkeiten sind noch vorhanden, der offene Kampf wird noch nicht gewählt, aber es wird auch keine vollständige Sicherheit mehr erlebt.

Fawn bedeutet, etwas zu geben, damit die Raubtiere einen in Ruhe lassen. Der Säbelzahntiger kommt zu mir und ich will nicht wirklich sterben, aber er hat Hunger. Ich weiß, ich gebe ihm ein Eichhörnchen und hoffe, dass er es frisst und ich weglaufen kann. So reagiert ein Rehkitz. Es beginnt mit dem Raubtier zu verhandeln und versucht, etwas abzugeben.

Die "Fawn"-Reaktion wird als adaptive Strategie zur Bewältigung von Bedrohungen angesehen, indem versucht wird, sozialen Stress zu reduzieren oder Konflikte zu vermeiden. Sie kann jedoch auch zu Problemen führen, da sie oft ein Zeichen von Selbstverleugnung und mangelnder Selbstfürsorge ist und zu einem Ungleichgewicht in Beziehungen führen kann.

Die Reaktion "Fawn" bezieht sich auf das Verhalten von Personen, die in Stress- oder Bedrohungssituationen dazu neigen, sich anzupassen, sich unterzuordnen oder zu beschwichtigen, um die Bedrohung zu vermeiden oder abzuschwächen. Dieses Verhalten kann in Form von übertriebener Anpassung, dem Wunsch, anderen zu gefallen, sich selbst klein zu machen oder die Bedürfnisse und Wünsche anderer über die eigenen zu stellen, auftreten.

Fawn bedeutet auch, dass Menschen anfangen, chronisch zu lügen, um der Situation zu entkommen.

Fawn ist auch, genau wie der Freeze-Zustand, eher ein Zeichen von Energieverlust als von Energiemobilisierung. Es ist ein Zeichen dorsal-parasympathischer Aktivierung.

• • • ● • ● ● • ● •

Erstarren, Herunterfahren (Freeze)

"Freeze-Zustand" ist die Bezeichnung für eine Reaktion des autonomen Nervensystems (ANS) auf eine wahrgenommene Bedrohung, bei der das System in einen Zustand der Starre oder Erstarrung versetzt wird.

Der Freeze-Zustand tritt ein, wenn das ANS die Mobilisierung und die soziale Bindung als unzureichende oder ineffektive Reaktionen auf eine Bedrohung wahrnimmt. Das heißt, wenn das Gehirn die Situation als hoffnungslos einschätzt und das ANS entsprechend beeinflusst. In aussichtslosen Situationen kann das Gehirn über das ANS den Körper in einen Zustand der Starre versetzen, um sich vor der Bedrohung zu schützen.

Freeze ist eine Reaktion des Reptiliengehirns. Es ist eine sehr, sehr primitive Reaktion, wenn man ein Raubtier in der Nähe sieht, dann erstarrt man und hält still. Das macht man, weil viele Raubtiere einen dann nicht mehr sehen können. Ihr Sehvermögen ist auf schnelle Bewegungen ausgerichtet, damit sie ihre Beute fangen können. Und manchmal, wenn man sehr viel Glück hat, wenn man sehr, sehr ruhig ist, kann das Raubtier einen nicht sehen und geht dann weg. Das ist willentlich sehr schwer zu erreichen, also hilft hier das Unbewusste und löst die Erstarrungsreaktion automatisch aus, wie die Polyvagaltheorie gezeigt hat.

Freeze ist eine körperliche Reaktion auf Stress und Bedrohung, die vom autonomen Nervensystem ausgelöst wird. Es ist eine Überlebensstrategie, die uns hilft, in einer gefährlichen Situation zu überleben, indem wir uns still verhalten, um uns zu verstecken oder die Bedrohung zu minimieren. Einige Autoren behaupten, dass der Freeze-Zustand der Zustand des Traumas ist. Auf jeden Fall kann Freeze eine wichtige Rolle bei Trauma und sozialem Verhalten spielen. Eine erhöhte Sensibilität und Bewusstsein für den Freeze-Zustand kann helfen, Menschen in Stresssituationen besser zu verstehen und angemessene Unterstützung anzubieten.

Freeze ist nicht mit einem Gefühl von Lebendigkeit verbunden, sondern mit einem Gefühl von Scham und Hilflosigkeit. Scham ist die Emotion, die den Freeze-Zustand auslöst. Während Kampf oder Flucht dazu führen, dass mehr Energie zur Verfügung steht, führt Freeze dazu, dass weniger Energie mobilisiert werden kann. Das ein Verhalten gehemmt wird.

Während einer Stresssituation wird der Neokortex abgeschaltet und damit stehen zentrale Fähigkeiten des Neokortex wie Zukunftsplanung, Logik, Rationalität, Gewissen, aber auch die Fähigkeit zur Emotionsregulation nicht mehr oder nicht mehr vollständig zur Verfügung.

•••••••••••

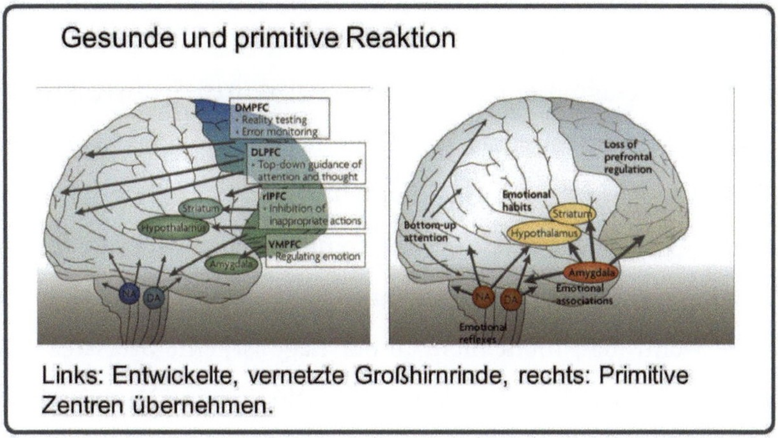

Links: Entwickelte, vernetzte Großhirnrinde, rechts: Primitive Zentren übernehmen.

Abbildung 9: Die Leistungsfähigkeit der Großhirnrinde unter Stress ist vermindert.

• • • ● • ● • ● • • •

Es dauert jedoch von Mensch zu Mensch unterschiedlich lange, bis der Neokortex in gewisser Weise abgeschaltet ist - und es dauert auch unterschiedlich lange, bis er wieder aktiviert werden kann. Aus evolutionärer Sicht war es von Vorteil, so schnell wie möglich instinktiv und eventuell auch brutal zu reagieren, d.h. eine möglichst kurze Zeitspanne bis zur Abschaltung des Neokortex zu haben. Wer schneller mit der Keule zuschlagen konnte, lebte einfach etwas länger.

In der heutigen sozialen Welt ist dies jedoch ein entscheidender Nachteil. Viele kurzfristige instinktive Verhaltensweisen sind gesellschaftlich verboten und werden sozial beschämt oder sogar bestraft. Heute gilt: Je länger eine impulsive Reaktion hinausgezögert werden kann, desto gesünder ist der Mensch.

Aus dem Gesagten ergibt sich, dass bei akuten Stressreaktionen eine willentliche Selbstregulation mit Hilfe des Neokortex kaum mehr möglich ist. Wir können uns nicht mehr oder kaum noch selbst beruhigen. Das macht ätherische Öle so unglaublich wirksam. Sie sind die Lösung von außen, die wir von innen nicht mehr erreichen können.

Denn wenn man nicht mehr in der Lage ist, eine Stressreaktion selbstständig abzuschalten, gelangen die ätherischen Öle, wie bereits erwähnt, sehr schnell ins Gehirn.

Ätherische Öle können eingesetzt werden, um aus einer Stressreaktion herauszukommen. Das Gehirn reagiert innerhalb von Bruchteilen von Sekunden auf Geruchsreize wie ätherische Öle.

••••●•●•••

Der Gebrauch von Fixern

Wenn das Gehirn nicht in der Lage ist, eine Stressreaktion konstruktiv zu bewältigen, sucht es nach anderen Wegen, um die belastenden Gefühle und Emotionen, die mit der Stressreaktion einhergehen, so schnell wie möglich zu beruhigen. Denn eine anhaltende Stressreaktion kann den Körper aus physiologischen Gründen krank machen. Je gestresster ein Mensch also ist, desto eher greift er zu so genannten

Fixern. Fixer sind kurzfristige Lösungen, um eine Stressreaktion schnell zu beenden.

Fixer können sein: Alkohol, Drogen, Sucht, Essen, Medien (Netflix, Handy,) Wutausbrüche, Panikattacken, Sex, Abhängigkeit. Kurzfristige Strategien, die auf instinktiven Reaktionen beruhen, um emotionale Zustände schnell und kurzfristig zu regulieren. Nur wenn der Neokortex in ruhigen Momenten einbezogen wird und so seine hemmende Funktion trainiert, kommt es zu einer langfristigen Heilung, denn nur dann können die durch die Fixierung abgewehrten Gefühle adäquat verarbeitet werden. Dazu mehr in Kapitel 6.

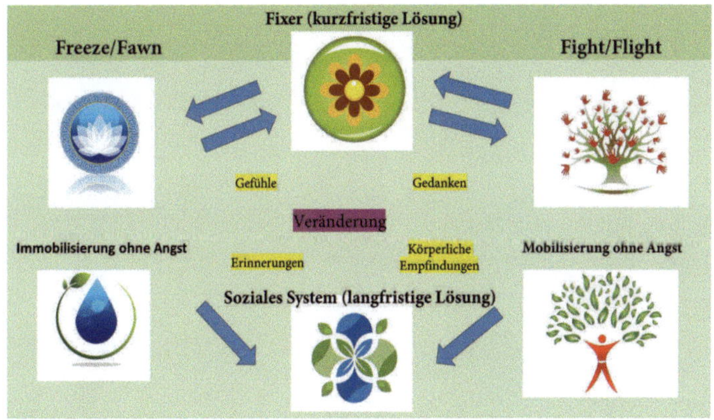

Abbildung 10: Der Unterschied zwischen einem Fixer und einer Langzeitlösung. Duftöle begünstigen eine Langzeitlösung.

Duftöle können also ein Ersatz für so genannte Fixer sein - und eine Hilfe bei der Überwindung von Sucht, chronischen Wutanfällen und sogar Essstörungen. Sie können dies, weil die ätherischen Öle der Pflanze im Menschen Emotionen auslösen können und somit auch das ersehnte Signal der Sicherheit sein können und somit Stressreaktionen beenden und den Menschen wieder in den Zustand der Homöostase bringen.

EMOTIONEN UND ÄTHERISCHE ÖLE

Man kann also – das wurde in den vorangegangenen Kapiteln deutlich, zwei Dinge nicht kontrollieren. Nicht die Umgebung und nicht die vorbewusst ausgelösten Stressreaktionen des autonomen Nervensystems. Aber da alle Stressreaktionen mit bestimmten körperlichen Reaktionen und Empfindungen einhergehen, kann man bemerken, wenn sie auftreten und dann sehr schnell darauf reagieren. Das nennt man auch Selbstregulation.

Und man kann in guten Zeiten, d.h. in Zeiten, in denen man sich sicher fühlt und das Nervensystem nicht in extreme Schwingungen gerät, für die "schlechten" Zeiten lernen. Je mehr der Neokortex in guten Zeiten trainiert wird, desto länger kann er die Stressreaktion in schlechten Zeiten hinauszögern. Denn das Training verstärkt die Dicke der entsprechenden neuronalen Verbindungen, und das ist entscheidend für die entsprechende Hemmungsfähigkeit des Kortex.

Je besser der Kortex trainiert ist, desto leichter ist es, erlernte Reaktionen abzurufen, aber desto schwieriger, neue Reaktionen zu lernen.

· · • • ● • ● • ● • • ·

Der österreichische Psychiater Viktor Frankl war ein Holocaust-Überlebender. Er sagte (ein sehr berühmtes Zitat):

Zwischen dem Stimulus und der Reaktion gibt es einen Raum (eine zeitliche Verzögerung, genauer gesagt, Anm. d. Autorin). In diesem Raum liegt unsere Macht, unsere Reaktion zu wählen. In unserer Reaktion liegt unser Wachstum und unsere Freiheit.

Die Fähigkeit in guten (sicheren) Momenten für die schlechteren vorzusorgen wird auch als Stärkung der Resilienz bezeichnet. Es ist viel wirksamer, in guten Zeiten an der eigenen Resilienz zu arbeiten, an der reflektierten Reaktion auf reale oder eingebildete Bedrohungen, als zu versuchen, diese, wenn sie auftreten, zu blockieren, "wegzureden", zu vermeiden oder sich ihnen zu verschließen.

Wir haben also nicht immer alle Optionen, die wir haben wollen, wir können zum Beispiel die Toten nicht wieder zum Leben erwecken.

Aber wir haben Optionen, die wir von Moment zu Moment wählen können. Und um diese Optionen überhaupt erkennen zu können, muss sich unser Nervensystem sicher fühlen. Nur dann haben wir die kognitiven Fähigkeiten zur Verfügung, die man braucht, um Optionen zu erkennen und auszuwählen.

Hier können Duftöle sehr gut helfen. Im vorigen Kapitel habe ich die vier Stressreaktionen des Menschen dargestellt und gezeigt, von denen zwei (Kampf und Flucht) auf Übererregung und zwei auf Untererregung beruhen. Ziel ist es, mit Hilfe der Duftöle wieder in die Mitte, im Bild der grüne Bereich, zu kommen.

Fehlreguliertes Nervensystem

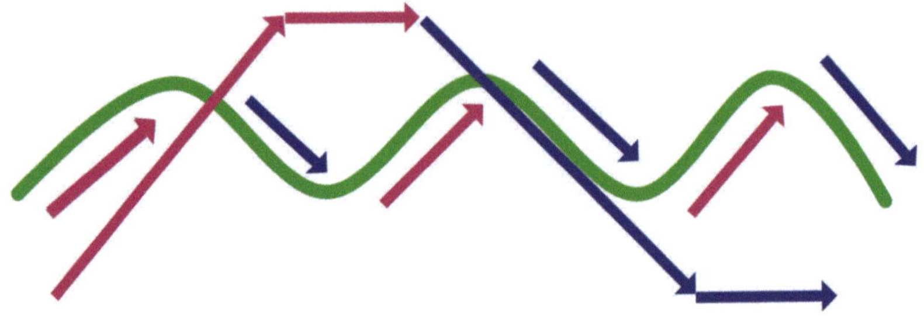

Abbildung 11: Die grünen Linien symbolisieren den sicheren, ausgeglichen Zustand, bei Stress werden zu extreme Schwingungen des autonomen Nervensystems erreicht.

Ich habe aber auch gezeigt, dass es eine Hierarchie der Stressreaktionen gibt. Aus physiologischen Gründen ist es nicht möglich, sofort vom Zustand der Erstarrung in den Zustand der Sicherheit und des Wohlbefindens überzugehen. Zuerst müssen die gespeicherten sympathischen Energien abgebaut werden. Dieser Prozess wurde von Deb Dana, einer Mitarbeiterin von Stephen W. Porges, als Leiter symbolisiert.

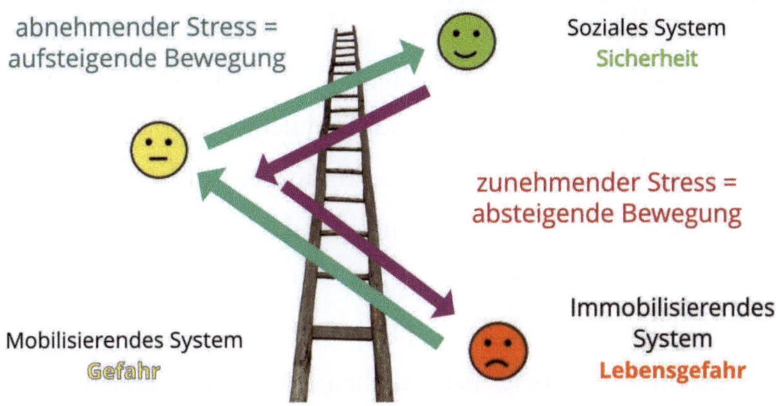

Abbildung 12: Es ist nicht möglich, sofort vom Freeze-Zustand in den sicheren Zustand überzugehen.

• • • • •• • • • •• •

Das bedeutet, wir müssen in guten Momenten mit der emotionalen Verarbeitung von Trauma und/oder negativen Erinnerungen beginnen.

• • • •• • • • •• •

Die Ordnung der Emotionen

Schon vor langer Zeit stellten Coaches und Therapeuten fest, dass sich Emotionen ordnen lassen. So entstand eine Hierarchie von Emotionen. Sie ordnet die Emotionen von der niedrigsten bis zur höchsten Stufe. Das Ordnungsprinzip ist die Frequenz, aber das ist nur ein Hilfsmittel, um die Ordnung herzustellen.

In der Physik bezeichnet die Frequenz die Anzahl der Schwingungen oder Wiederholungen einer periodischen Bewegung pro Zeiteinheit. Sie wird üblicherweise in Hertz (Hz) gemessen, wobei ein Hertz einer Schwingung pro Sekunde entspricht.

Die Frequenz ist eine grundlegende physikalische Größe, die in vielen Bereichen der Wissenschaft und Technik von großer Bedeutung ist.

Wenn hier von einer Gefühlsfrequenz die Rede ist, so ist dies kein Begriff im engeren wissenschaftlichen Sinne, sondern eine Metapher für unsere Erfahrung, dass der Körper in bestimmten Stresszuständen und den damit verbundenen Gefühlen gedämpfter reagiert. Tatsächlich kann man die Aktivität des autonomen Nervensystems messen. Vor Porges wusste man jedoch nicht, warum Menschen im Freeze-Zustand und damit gelähmt sind.

Die Ordnung der Emotionen, die ich hier vorschlage beruht auf Erfahrungswerten, es handelt sich aber nicht um absolut gesicherte wissenschaftliche Aussagen.

Die Ordnung der Emotionen nach Frequenzen:

Emotionen der Sicherheit:

Erleuchtung, 2. Frieden, 3. Glück, 4. Liebe, 5. Vernunft, 6. Akzeptanz, 7. Bereitwilligkeit, 8. Neutralität, 9. Tapferkeit.

• • • • • • • • • • •

Emotionen der Sympathikusaktivierung

10. Stolz, 11. Ärger, Wut, Raserei, 12. Sehnsucht, 13. Furcht.

• • • • • • • • • • •

Emotionen der Parasympathikusaktivierung

14. Trauer, 15. Apathie, 16. Schuld, 17. Scham

• • • • • • • • • •

Stressreaktionen und Emotionen

Alle Stressreaktionen werden von bestimmten Emotionen begleitet. Es handelt sich bei dieser von mir vorgenommenen Zuordnung um ein Modell und nicht um eine wissenschaftliche Wahrheit. Mehr zu den einzelnen Emotionen in Kapitel 5.

- Sicherheit – Erleuchtung, Frieden, Glück, Liebe, Vernunft, Akzeptanz, Bereitwilligkeit, Neutralität, Tapferkeit

- Fawn – Stolz (als Abwehr von Scham), evtl. Trauer

- Flight (Flucht) – Furcht, Angst

- Fight (Kampf) – Wut/Ärger/Raserei

- Freeze – Scham und Schuld, Apathie

Das heißt, wenn man das Prinzip der Leiter, wie es Deb Dana formuliert hat, mit der Ordnung der Emotionen, wie sie hier dargestellt wird, kombiniert, ist es sinnvoll, sich mit Hilfe von Duftölen aus den tiefen Stimmungen langsam nach oben zu arbeiten und so zu vermeiden, in bestimmten Stressreaktionen und entsprechenden Emotionen stecken zu bleiben. Das bedeutet auch, man braucht eine

Ordnung der Öle, um die für die jeweilige Frequenz passenden Öle zu finden.

• • • ● • ● • ● • •

Die Ordnung der Öle

Die Grundüberlegung bei der Einteilung der Öle ist: Öle verdunsten unterschiedlich schnell, je nach Molekulargewicht, und je nach Molekulargewicht wirken sie auch unterschiedlich auf die Psyche. Es gibt leichtere, optimistischere Öle, die optimistischere Stimmungen hervorrufen, und solche, die uns eher erdende, ruhige Stimmungen erleben lassen.

Wenn man Öle nach dem Molekulargewicht einteilt, lassen sie sich zu Wirkgruppen ordnen. Ich ordne die Öle nach Molekulargewicht bis zu 200, dann 200-300 und dann größer als 300. So entstehen 3 Gruppen. Diese Einteilung kann natürlich auch anders vorgenommen werden.

Eine Auswahl von Ölen aus jeder Gruppe ist am Ende dieses Buches als Anhang beigefügt. Es ist möglich, ChatGPT nach dem Molekulargewicht zu fragen. Wenn Sie das Molekulargewicht wissen möchten, geben Sie die folgende Eingabeaufforderung in ChatGPT ein: Bitte gib mir den lateinischen Namen und das Molekulargewicht von (Name des Öls). Ich habe meine Eingabe überprüft und ChatGPT hat richtig geantwortet.

Gruppe 1 (< 200):

Öle mit niedrigem Molekulargewicht verdunsten relativ schnell. Diese Öle haben eine stimulierende und aktivierende Wirkung auf den Organismus.

Im Anhang dieses Buches finden Sie eine Liste mit den entsprechenden Ölen.

• • • • • • • • • •

Gruppe 2 (200-300)

Diese Öle haben eine ausgleichende Wirkung auf Körper und Geist und können beruhigend oder stabilisierend wirken.

Im Anhang dieses Buches finden Sie eine Liste mit den entsprechenden Ölen.

• • • • • • • • • •

Gruppe 3 (> 300)

Diese Öle haben oft eine erdende und entspannende Wirkung und können helfen, den Geist zu beruhigen und eine tiefe Entspannung zu fördern.

Im Anhang dieses Buches finden Sie eine Liste mit den entsprechenden Ölen.

• • • ● • ● • • •

Um die "Leiter" richtig zu erklimmen, behandelt man also ein sogenanntes negatives Gefühl mit einem Duftöl, das der jeweiligen Stimmung entspricht. Je tiefer die emotionale Frequenz desto höher sollte das jeweilige Molekulargewicht sein. Dann arbeitet man sich langsam - wieder unter Verwendung anderer Duftöle - zu höheren Gefühlen "hoch".

Ein Beispiel: Um jemanden aus dem mit Scham verbundenen Freeze-Zustand herauszuholen, beginnt man mit Ölen der Gruppe 3, arbeitet dann mit Ölen der Gruppe 2 weiter und erreicht schließlich ein Gefühl der Sicherheit mit den "hellen", schnell verdunstenden Ölen der Gruppe 1.

• • • ● • ● • • •

Dies setzt die Bereitschaft voraus, die damit verbundenen schmerzhaften Gefühle bewusst zu empfinden und zu verarbeiten. Schmerzhafte Gefühle werden aber sehr oft vermieden und bekämpft, d.h. sie kommen immer wieder. Erst wenn sie zugelassen und verarbeitet werden, verblassen sie und man wird mit der Zeit frei von ihnen. Typische Fixierungen oder Vermeidungsformen wurden bereits genannt, wie Sucht, Überforderung, selbstverletzendes Verhalten, kontinuierliches Drama.

Im folgenden Kapitel werde ich die Behandlung einzelner Emotionen mithilfe von Duftölen vorstellen.

• • ● ● ● • ● • • • •

GEFÜHLE, GEDANKEN UND EMOTIONEN

B evor ich auf die einzelnen Emotionen eingehe und zeige, wie sie mit Duftölen gemildert oder sogar ganz verarbeitet werden können, möchte ich kurz auf den Unterschied zwischen "Emotion" und "Gefühl" besprechen.

Das Kernproblem ist, dass die Menschen nicht unterscheiden, was ein Gedanke und was ein Gefühl im Gegensatz zu einer Emotion ist. In der Folge werden Gedanken mit Gefühlen verwechselt. Viele Menschen glauben, dass ein Gedanke ein Gefühl ist und sagen dann etwas wie: "Ich habe das Gefühl, du hörst mir nicht zu".

Das führt zu vielen sozialen Konflikten. Denn das angebliche Gefühl, "du hörst mir nicht zu", ist ein Gedanke, und zwar ein selbstgedachter Gedanke, das dazugehörige Gefühl ist Ärger und das Ergebnis ist ein Angriff auf den anderen. Ein Angriff, der sich in dem oben zitierten Satz ausdrückt. Es handelt sich NICHT um ein Gefühl, sondern um einen Angriff und die Aussage ist nicht authentisch, sondern aggressiv und projektiv.

Korrekt wäre eine Aussage wie: "Ich habe den Eindruck, dass du geistig abwesend bist und mir nicht zuhörst. Stimmt das oder irre ich mich?"

· · · ● · ● · ● · · ·

Die Vermischung von Gedanken, Gefühlen und Emotionen führt sehr schnell zu einer Verstärkung der bereits aktivierten physiologischen Abwehrbereitschaft, also Fight, Flight, Freeze oder Fawn, wie sie in den letzten Kapiteln beschrieben wurden.

Wenn man sich also bereits im Kampf- oder Fluchtmodus befindet und nicht geübt ist, Gedanken, Gefühle und Emotionen voneinander zu trennen, vermischen sich Gedanken, Gefühle und Emotionen und heizen die Situation weiter an.

Wenn Sie sich bereits im Freeze-Modus befinden, wird diese Mischung Ihr System überfordern und Sie noch tiefer in den Freeze-Modus versetzen. Die Fähigkeit, zwischen Gedanken, Gefühlen und Emotionen zu unterscheiden, hat daher einen großen Einfluss auf unsere Physiologie und unsere Fähigkeit, unsere Reaktionen zu kontrollieren.

· · · ● · ● · ● · · ·

Wenn wir in der Lage sind, diese Fähigkeit zu trainieren, verlangsamt dies unsere Reaktion, die von unseren Gedanken bestimmt wird, die Emotionen auslösen und selbst auf Empfindungen (Gefühlen) basieren.

• • • ● • ● • ● • •

Gefühle (körperliche Empfindungen)

Es ist sehr nützlich zu wissen, dass Gefühle körperlich sind. Sie sind physiologisch. Sie sind Körperempfindungen. Wenn ich also einen angespannten Magen habe und meine Faust oder meinen Kiefer ballen und mein Kiefer ist angespannt. Das sind nur Körperempfindungen.

Wir nennen sie Gefühle, weil wir sie tatsächlich körperlich spüren. Ein Gefühl ist also in seinem Kern eine körperliche Empfindung, heiß, kalt, prickelnd, taub, angespannt. Ein Gefühl ist also eine körperliche Empfindung, nichts anderes. Wenn man also völlig abgeschaltet ist und nichts mehr spürt, wenn man keinen Kontakt mehr zu seinen körperlichen Empfindungen hat, dann ist das Taubheit. Der Fachausdruck dafür ist Dissoziation. Die Energie ist dann im Kopf und Probleme können nicht gelöst werden.

Wir wollen also zunächst in der Lage sein, unsere körperlichen Empfindungen wahrzunehmen. Wenn wir nichts anderes tun, also innehalten und uns bewusst machen, was wir gerade fühlen, wird ein bestimmter Teil unseres Gehirns, ein bestimmtes Netzwerk stimuliert. Wir können bewusster handeln.

• • • • • ● • ● • ● • • •

Gedanken und Erinnerungen

Aus diesen Empfindungen erfindet unser Gehirn eine Geschichte, es denkt einen Gedanken. Ein Gedanke kann ein Satz, ein Bild oder eine Tonfolge sein, aber meistens ist es ein Satz. Nicht alle Gedanken werden von uns selbst gedacht, der größte Teil unserer Gedanken wird von unserem Gehirn eingegeben.

Dieser Gedanke wird auf die körperlichen Empfindungen abgestimmt, die körperlichen Empfindungen bestimmen den Gedanken mit.

Körperempfindungen sind also eigentlich neutral, bis wir ihnen eine Bedeutung mittels eines Gedanken geben. Und für diese Bedeutungsgebung verwenden wir ein mentales Modell, etwas, das wir, wie im letzten Kapitel beschrieben, von wichtigen anderen Menschen übernommen und introjiziert haben. Das heißt nichts anderes als aufgenommen haben. Gesehen, gehört, gefühlt und dann im richtigen Moment erinnert. Das ist sehr, sehr wichtig. Die Bedeutung, die wir unseren Körperempfindungen geben, basiert auf Erinnerungen.

Nicht auf der Realität. Auf Erinnerungen.

Ich sage nicht, dass es keine Tatsachen gibt, aber die Bedeutungsgebung dieser Tatsache ist etwas, was im Individuum auf der Basis von Erinnerungen geschieht.

• ● ● ● ● ● ● ● ● ● •

Der erste Schritt ist also: Wir sehen, hören, fühlen etwas. Unterbewusst bewertet unser Gehirn dieses Etwas als gefährlich oder sicher, es interpretiert den Sinneseindruck. Beispiel: Ein Autounfall, der in letzter Minute verhindert wird. Das limbische System übernimmt und bringt uns in Sicherheit, bevor der viel langsamere Neokortex (PFC) beginnt, über die Situation nachzudenken.

Die sofortige Hemmung des Neokortex: Das bringt die entscheidende Sekunde, um auf die Bremse zu treten und die Situation zu retten. Und genau für solche Situationen ist unsere Stressreaktion ursprünglich gedacht. Unser Körper wird mit Adrenalin überschwemmt. Das Herz schlägt schneller. Die Atmung beschleunigt sich. Aber dann erkennen wir, der Unfall ist vermieden und wir sind wieder in Sicherheit. Langsam kommen wir wieder zu uns.

Diese erste Bedeutung der Situation wird als Gefühl 1. Ordnung bezeichnet. Die Fähigkeit auf ein anderes Auto so zu reagieren als wäre es ein Raubtier aus Urzeiten ist nicht angeboren, sondern erlernt. Neues Wissen ("Gefahrensituation") wird mit einem alten Mechanismus verknüpft.

Diese Verknüpfung ist, wie gesagt, nicht angeboren. Aber sie kann, da sie unterhalb der Bewusstseinsschwelle ausgelöst wird, im Gefahrenmoment auch nicht reflektiert werden, das soll den Weg für instinktives Handeln frei machen. Wenn es eine falsche Verknüpfung gegeben hat (Beispiel aus der Suchtforschung: Meine Droge ist lebenswichtig), dann muss diese Verknüpfung in guten Zeiten aufgelöst werden, damit sie in schlechten Zeiten nicht handlungswirksam wird.

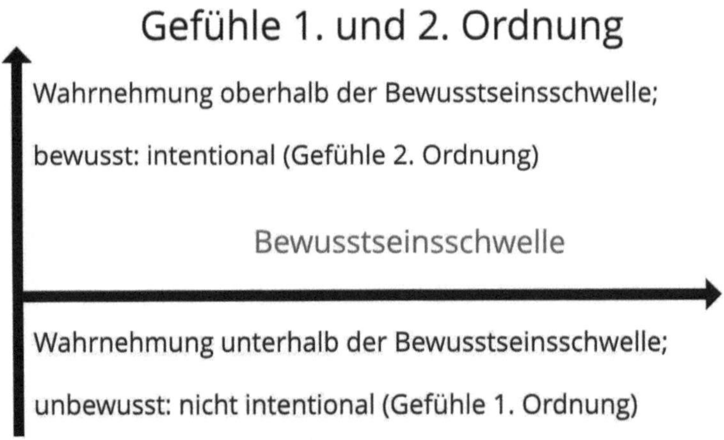

Gefühle 1. und 2. Ordnung

Abbildung 13: Gefühle 1. und 2. Ordnung.

• • • ● • ● • ● • •

Wenn der erste Schreckmoment überwunden ist, kommt es zum nächsten entscheidenden Schritt und diesen können wir sehr viel mehr beeinflussen als die Reaktion 1. Ordnung.

In einem zweiten Schritt erfinden wir eine Geschichte über den Autofahrer, der uns gerade böse geschnitten hat. Und diese Geschichte wird im Rahmen des erworbenen eigenen mentalen Modells von Welt erzählt. Sie wird auch sehr stark von den Gefühlen 1. Ordnung bestimmt, je negativer diese sind, desto negativer die erzählte Geschichte. Und diese Geschichte bestimmt die sogenannten Gefühle 2. Ordnung (2. Ordnung weil sie sich auf das erste Erlebnis beziehen), diese werden auch Emotionen genannt und diese Emotionen sind es, die einen Menschen jahrelang an eine negative Situation gebunden halten können.

Denn Emotionen lösen wiederum körperliche Empfindungen aus, sie erzeugen also wiederum Gefühle, und Gefühle beeinflussen die Fortsetzung Geschichte. Je negativer die Geschichte, desto negativer die Emotionen, desto negativer die Gefühle und das wiederum bestimmt die nächste Geschichte. Das Ganze geschieht in Bruchteilen von Sekunden und das Endergebnis nennen wir sehr oft "psychische Krankheit". Die Spirale kann so unangenehm werden, dass sogenannte Fixer, wie in Kapitel 3 beschrieben, zum Einsatz kommen, um aus der Schleife herauszukommen.

Frage Sie sich also, was empfinden Sie, jetzt wo Sie wieder Zeit haben bewusst nachzudenken, gegenüber dem Fahrer des Autos, das sich gerade so böse geschnitten hat? Wut, Ohnmacht, Resignation? Sehr wahrscheinlich ist es nicht liebevolle Aufmerksamkeit. Und sehr wahrscheinlich haben Sie bereits begonnen, sich eine Geschichte zu erzählen, warum der Fahrer Sie so böse geschnitten hat.

Diese Geschichte kann aus einer Haltung des Kampfes oder der Flucht kommen oder aus einer Haltung der Ohnmacht und Lähmung. Fangen Sie an, sich die Geschichte anzuhören, die Sie sich über diesen Fahrer erzählen. Stellen Sie sich vor, Sie sagen zu sich selbst: Dieser Mann ist ungehobelt, schlecht erzogen und ein Rüpel, wahrscheinlich einer dieser Idioten, die ihren Führerschein im Lotto gewonnen haben, dann fangen Sie an, ein wenig über die Welt zu schimpfen, die solche Fahrer auf die Straße lässt. Was fühlen Sie?

Oder aber: Dieser Fahrer hat mich geschnitten, weil er ein krankes Kind im Krankenhaus aufsuchen möchte und schnell vorankommen möchte, um sein Kind nicht allein zu lassen. Was fühlen Sie?

Beide Geschichten stammen aus einem Netzwerk ihres Gehirns, dem sogenannten Default Mode Network, das ständig Erinnerungen abspeichert, immer mit dem Ziel, eine Situation zu bewältigen. Beide Geschichten entstammen nicht der Realität. Um eine korrekte Geschichte zu erhalten, müsste man den Fahrer fragen: "Warum hast du mich geschnitten" und hoffen, dass er antwortet und nicht lügt.

Diese zweite Geschichte löst *Emotionen* aus. Und diese Emotionen können das ursprüngliche Gefühl verstärken oder abschwächen.

Da diese zweite Geschichte nicht aus der Realität stammt (der Unfallfahrer selbst stammt aus der Realität, die Vollbremsung auch), ist man frei, wie man sie gestalten möchte. Sich einzureden, es habe keine Gefahrensituation gegeben, wäre fahrlässig, denn damit würde man den Kontakt zur Realität verlieren. Die Realität ist nicht unsere Wahl. *Unsere Wahl ist die Interpretation der Realität.*

• • • • • ● • ● • ● • • •

Wie Gefühle aufeinander wirken

Gefühl	Positives Gefühl (1. Ordnung)	Negatives Gefühl (1. Ordnung)
Akzeptanz (2. Ordnung)	steigert	vermindert
Ablehnung (2. Ordnung)	vermindert	steigert

Abbildung 14: Wie Gefühle 1. und 2. Ordnung aufeinander wirken!

Sehr wichtig ist, dass alle Emotionen eine bestimmte Handlungstendenz auslösen. Jedes Gefühl hat eine Handlungstendenz. Jede Emotion führt zu einer Handlung oder zu einem Handlungswunsch. Zum Beispiel führt die Emotion Wut dazu, zu schlagen, zu schreien oder sogar zu kämpfen. Man versucht zu bekommen, was man will, oder zu verhindern, was man nicht will.

Das Gefühl der Angst führt im Extremfall dazu, dass man wegläuft, weglaufen will oder zittert. Die Emotion der Trauer führt dazu, zu weinen und Trost zu suchen oder einfach nur allein sein zu wollen und zu weinen. Das Gefühl der Scham, die Handlungstendenz, ist, sich zu verstecken, zu verschwinden. Es ist also eine sehr spezielle Handlungstendenz.

· · ◆ · ● · ● · ● · ·

Wie können Duftöle helfen?

Duftöle können die Reaktion 1. Ordnung nicht beeinflussen - zumindest nicht zum Zeitpunkt ihres Auftretens. Aber sie können helfen, wenn man die körperlichen Empfindungen wahrnimmt, die signalisieren, dass eine Stressreaktion ausgelöst wurde, die ursprünglichen Emotionen abzuschwächen und so den Weg für eine neue, angemessenere Geschichte freizumachen.

Ich möchte dies kurz erwähnen, aber nicht weiter ausführen, da es den Rahmen dieses Buches sprengen würde. Duftöle, richtig eingesetzt, sind in der Lage, ein überaktives Default Mode Network zu bremsen und können so sehr wohltuend wirken.

• • ● • ● • ● • • •

Die Emotionen im Zusammenhang mit Stressreaktionen

Es gibt so genannte Emotionen, die die vier wichtigsten Stressreaktionen begleiten. Diese sind Scham, Schuld, Trauer, Apathie, Kampf, Flucht und alle Emotionen, die auf diesen Basisemotionen basieren.

• • ● • ● • ● • • •

Freeze und Scham

Scham ist die Emotion, die mit einer dominanten Aktivität des dorsalen Parasympathikus einhergeht. Scham ist die Emotion mit der ausgeprägtesten Aktivierung des dorsalen Parasympathikus. Der ventrale Zweig des Parasympathikus hat kaum noch Einfluss – jede

Verbundenheit zu anderen Menschen ist abgebrochen, es ist keinerlei Gefühl der Sicherheit mehr verfügbar.

Scham eine Kombination ist aus einer primären Emotion, weil sie absolut primär ist, sie ist universell, jede Kultur hat sie, jede Gesellschaft benutzt sie, und einem Zustand der Erstarrung, des Freeze. Scham erzeugt im Nervensystem eine parasympathische Reaktion des Freeze. Es kann eine extreme Erstarrung sein, es kann ein leichtes Einfrieren sein, aber es geschieht etwas, das die Aktivität des Geistes und des Körpers erstarren lässt.

Die Freeze-Reaktion kann eine Dissoziation auslösen, so dass man keinen Schmerz empfindet. Es kann auch dazu führen, dass wir die Verbindung zu unseren vier Sinnen verlieren. Die Verbindung zum Geruchssinn geht jedoch nicht verloren, er war für das Überleben zu wichtig. Der Geruchssinn und ätherische Öle können daher ein wirksames Mittel sein, um den Freeze-Zustand "aufzutauen" und unsere Fähigkeit, unsere Umwelt wahrzunehmen und mit ihr in Kontakt zu treten, wiederherzustellen.

Die meisten Menschen haben ein Schamproblem. Man kann sie in zwei Kategorien einteilen. Menschen, die in ihrer Scham versinken, die von ihrer Scham überwältigt sind und wissen, dass sie sich schämen. Sie wissen, dass sie sich zu sehr schämen, und das macht ihnen das Leben schwer. Und Menschen, die gar nicht wissen, dass sie sich schämen. Sie sind nicht in Kontakt mit der Scham, die so vielem menschlichen Verhalten, so vielem, was geschieht, zugrunde liegt.

Denn auch wenn Scham häufig als negative Emotion verstanden wird, es ist die Emotion, die uns – in angemessenen Dosen erlebt – zu sozialen Menschen macht.

Scham richtet den Blick auf sich selbst. Bei Scham geht es um einen selbst. Es ist ein sehr egozentrisches Gefühl. Es ist das Gefühl, dass ich etwas falsch mache. Ich bin falsch. Die Identitätsebene wird gewählt, um das Verhalten zu beschreiben. Nicht ich mache etwas falsch, sondern *ich bin falsch.*

Was sagt dieses Interview über mich aus? Es ist nicht gut. Was sagt dieses Gespräch über mich aus? Es ist nicht gut. Und so verlieren wir den Kontakt mit der großen Welt und werden irgendwie innerlich, gehen nach innen und ziehen uns zurück und beschäftigen uns mit unserem eigenen inneren Gespräch und verlieren den Blick für das, was draußen passiert. Scham ist so subtil und so stark.

Scham ist also das Ergebnis von Botschaften, die von anderen kommen und kritisch sind. Das Grundgefühl ist: Ich bin wertlos, schlecht, fehlerhaft. Dieses Gefühl löst, wie gesagt, den Freeze-Zustand aus und wird daher oft von einem Gefühl der Ohnmacht und Hoffnungslosigkeit begleitet.

Entscheidend ist, dass das was die anderen über einen sagen als Wahrheit akzeptiert wird.

Scham führt nicht zur Handlung. Sie führt eher zur Untätigkeit. Die Handlungstendenz ist Untätigkeit.

Scham erzeugt Unterwerfung in einer Beziehung. Sobald eine Beziehung von Über- und Unterordnung, von Dominanz und Unterwerfung etabliert ist, erlebt das Opfer dieser Unterordnung ein immenses Gefühl von Erniedrigung, Abwertung und Scham.

Scham ist daher eng mit dem Gefühl der Traumatisierung verbunden. Scham führt zur Unterwerfung und Unterwerfung ist mit Scham verbunden.

Eine weitere einzigartige Eigenschaft der Scham ist, dass sie eine bindende Emotion ist. Sie ist tatsächlich mit anderen Gefühlen verbunden. Sie existiert nicht allein. Sie bindet tatsächlich, um den Affekt zu reduzieren, um die Intensität der anderen Emotionen zu reduzieren. Und genau dazu ist sie da.

Dafür ist es da, denn es soll uns eigentlich vor Ärger schützen, vor den Angriffen der anderen. Es ist also hauptsächlich dazu da die Emotion des Ärgers zu reduzieren. In Zeiten ohne Menschenrechte und auch für beispielsweise Kinder ist die Fähigkeit, eine Emotion ohne kognitive Kompetenzen hemmen zu können, lebenswichtig.

Für die Arbeit mit Duftölen bedeutet dies, dass der Freeze-Zustand erst überwunden werden muss, bevor ein Problem wirklich angegangen werden kann.

Und es darf am Anfang auch kein zu leichtes oder optimistisches Öl verwendet werden, denn die Schamfrequenz ist sehr tief. Wenn es nicht passt, wird das neue Gefühl abgelehnt, die Geschichte, die dann erzählt werden müsste, wäre zu fremd, zu unwahrscheinlich. Wenn jemand wirklich über Jahre oder Jahrzehnte geglaubt hat, wirklich schlecht und defekt zu sein, wird er nicht an einem Tag sofort eine neue Meinung über sich annehmen.

Man beginnt daher Ölen der Gruppe 3 und arbeitet sich langsam nach oben bis hin zu Gruppe 2.

Freeze und Schuld

Die Emotion "Schuld" geht ebenfalls mit einer erhöhten Aktivität des dorsalen Parasympathikus einher, ist aber nicht so lähmend und Freeze auslösend wie die Scham. Schuld soll - im Gegensatz zur Scham - nicht nur zu einer völligen Lähmung des Gegenübers führen, sondern zu einer Verhaltensänderung. Der andere muss also noch Energie für Aktionen haben.

Bezieht sich Scham auf das Sein einer Person, so bezieht sich Schuld auf das Tun einer Person. Sie ist eine nach innen gerichtete Kritik, eine internalisierte (verinnerlichte) Kritik am eigenen Handeln. Jedes negative Ergebnis in der Außenwelt wird einem persönlichen Fehler, einer Unwissenheit oder einem eigenen Defizit zugeschrieben.

Schuldgefühle sind daher auch eng mit dem Bedürfnis nach Kontrolle verbunden. Man glaubt, dass alles so laufen sollte, wie man es sich vorstellt, und wenn es nicht so läuft, sucht man die Ursache bei sich selbst. Das vermeidet das Eingeständnis, dass man in der Außenwelt nicht alles unter Kontrolle hat.

Die Energie der Schuld kann zu einer energetischen Stagnation im Körper führen. Rücken- und vor allem Nackenschmerzen, aber auch Kopfschmerzen, bei denen der Schmerz eher im hinteren Bereich des Kopfes lokalisiert ist, können auf unverarbeitete Schuldgefühle hinweisen.

Schuld kann mit Ölen aus Gruppe 2 bearbeitet werden, auch hier sollte nicht zu optimistisch begonnen werden. Wichtig ist vor allem, immer wieder Trauer zuzulassen - dazu gleich mehr.

Man arbeitet vor allem mit Ölen der Gruppe 2, Öle der Gruppe 1 können am Ende des Prozesses eingesetzt werden.

Freeze, Fawn und Trauer

Trauer geht ebenfalls mit einer Aktivierung des dorsalen Parasympathikus einher, aber hier ist bereits mehr ventrale Aktivierung im Spiel. Echte, gesunde Trauer ist eine Emotion, die entsteht, wenn der dorsale Parasympathikus unter der Führung des ventralen

Parasympathikus dominant aktiv ist. Echte Trauer ist eine gesunde und heilende Emotion, weil sie hilft, etwas Verlorenes los- und gehen zu lassen.

Trauer ist ein sehr wichtiges Gefühl an sich, es ist kein krankhaftes Gefühl. Trauer hilft, Dinge zu verarbeiten und loszulassen. Trauer geht mit einer Aktivität des dorsalen Parasympathikus einher, daher können Menschen, die bewusst oder unbewusst Angst vor Scham und Erstarrung haben, sehr oft nicht trauern und somit nicht loslassen.

Es gibt aber das Problem der verlängerten Trauer, wo der Trauerprozess nicht aufhört. Das wiederum kann zu körperlichen Problemen führen. Das geschieht vor allem dann, wenn sich jemand weigert, Trauer bewusst zu fühlen.

Um uns zu entwickeln, müssen wir alte Gedankenmuster loslassen, Beziehungen (Individuen), Orte uvm. Mit dem Gefühl des Loslassens ist häufig ein tiefes Gefühl von Trauer verbunden.

Alle langsam verdunstenden Öle (Gruppe 3) helfen beim Trauerprozess.

Flight – Angst/Furcht

Furcht ist das Gefühl, das uns in der Welt unsicher fühlen lässt – das dafür sorgt, dass wir die Welt als unsicheren Ort erleben.

Angst geht immer mit einer erhöhten sympathischen Aktivität einher, ist also eine mobilisierende Emotion. Je nach Stärke der Angst ist die ventrale parasympathische Aktivität kaum oder gar nicht mehr vorhanden. Bei echten Panikattacken steht sie gar nicht mehr zur Verfügung. Aber Menschen können auch sehr viel Angst empfinden, ohne sich dessen bewusst zu sein. Das bedeutet, es ist noch genügend ventrale Vagus-Aktivität vorhanden, um den Menschen funktionstüchtig zu halten.

Die dorsale parasympathische Aktivität, die Ruhe und Entspannung ermöglichen würde, wird während der Angstreaktion also weitgehend unterdrückt. Daher haben Menschen mit chronischer Angststörung auch häufig Darmprobleme, können sich nicht entspannen, haben Rücken- und Nackenschmerzen.

Die Aufmerksamkeit richtet sich nicht nach innen, sondern nach außen. Das Problem wird als von außen kommend erlebt - was ja ursprünglich auch stimmte. Der Bär kam von außen. Heute kommt die Bedrohung sehr oft von innen, aus unserem inneren Erleben, wird aber nach außen projiziert.

Die Handlungstendenz ist Flucht - gedanklich oder körperlich. Daher führt Furcht bzw. Angst auch dazu, dass man sich von anderen Menschen entfernt.

Bei erhöhter Sympathikusaktivität suchen Menschen das Problem, wie dargestellt, außerhalb ihrer Selbst. Also beim anderen. Die Welt wird in Verbündete und Feinde eingeteilt, das Bedürfnis nach "Teile und Herrsche" scheint für einen Moment Sicherheit zu bieten. Angst schürt daher Angst.

Angst vermindert auch unsere Fähigkeit zur Empathie und zum ethischen Handeln, sie führt dazu, andere (nicht sich selbst) zu kritisieren und zu verurteilen.

Da Angst auf einer Überaktivität des Nervensystems beruht, ist es ratsam, mit optimistischeren, leicht verdunstenden Ölen zu beginnen und dann zu den "schweren" Ölen überzugehen. Dies ist genau der umgekehrte Weg wie bei der Behandlung der dominanten Aktivität des dorsalen Parasympathikus.

Fight – Wut, Raserei, Ärger

Auch Ärger ist eine Emotion, die ebenfalls mit erhöhter Sympathikusaktivität einhergeht, der dorsale Parasympathikus hat praktisch keinen Einfluss mehr – ähnliche Symptome wie bei Angst betreffen den Darm und das Herz.

Ärger wird in der Erziehung oft unterdrückt - zu oft durch Scham gehemmt. Ärger ist eine absolut notwendige und legitime Emotion. Menschen, die ihren Ärger und ihre Wut nicht fühlen können, entwickeln keine stabile Identität. Um aus dem schambesetzten Freeze-Zustand herauszukommen, muss Ärger gefühlt, verarbeitet und gewürdigt werden. Dies wurde auch im Zusammenhang mit der "Leiter" auf Seite 60 gezeigt.

Ärger ist die Emotion, die uns befähigt Grenzen zu setzen.

Das Problem mit der Emotion Wut ist, dass sowohl bei Wut als auch bei Angst das Problem im Außen gesucht wird. Ärger oder Wut ist dazu da, uns die Energie zu geben, gegen echte Feinde zu kämpfen und zu versuchen, uns mit physischer Gewalt in Sicherheit zu bringen, indem wir den Angreifer bekämpfen.

Ärger ist eine sinnvolle, gesunde Emotion. Ärger ist häufig legitim und gerechtfertigt, wird aber sozial sehr häufig bestraft. Daher muss Ärger gewürdigt und akzeptiert werden. Ohne die Fähigkeit Ärger zu fühlen, können wir nicht zu gesunden und erwachsenen Menschen werden.

Aber es gibt einen falschen Ärger, der aus einer ganz anderen Emotion kommt und diese Emotion heißt Grandiosität und ist das Gegenteil von Scham. Grandiosität ist in Wahrheit abgewehrte Scham.

Das Gegenteil von Scham ist Grandiosität. Wenn Scham ein Verhalten hemmt, dann ermöglicht Grandiosität das gleiche Verhalten. Die Handlungstendenz von Grandiosität ist gegensätzlich zu Scham, es ist eine energetisierende Emotion.

Ein therapeutischer Durchbruch der letzten Jahre, war die Erkenntnis, dass die emotionale Energie, die Emotion der Scham und die Emotion der Grandiosität nicht zwei verschiedene Emotionen sind, *sondern eine Emotion in zwei verschiedene Richtungen.*

Dieses Gefühl heißt Verachtung. Wenn mich der Blitz der Verachtung trifft, nennen wir das Scham. Ich kann nicht glauben, dass ich so ein Arschloch bin, blah, blah, blah. Wenn der Blitz der Verachtung Nassim trifft, nennen wir das Grandiosität. Ich kann es nicht glauben, blah, blah, blah.

Wenn Ärger aus Grandiosität entsteht, führt das dazu, dass die Schuld immer beim anderen gesucht wird und nie bei sich selbst. Dieser Ärger soll verhindern, dass Scham empfunden wird, was aber oft nicht bewusst ist. Die Emotion wird nicht als Grandiosität sondern als Ärger erlebt.

Ärger erschafft eine Bindung an ein Problem. Das Gegenteil von Liebe (also Bindung) ist nicht Hass, sondern Indifferenz - also

Gleichgültigkeit. Ärger bindet an ein Ziel, ein Problem, eine Person - worauf auch immer sich der Ärger richtet.

Wir bleiben gebunden an das, was hätte geschehen sollen oder was ein anderer hätte tun oder sich hätte verhalten sollen. Das wiederum macht abhängig vom anderen und führt zu Gefühlen von Hilflosigkeit und Scham, die dann wiederum über Grandiosität abgewehrt werden.

Der Versuch ein Problem über Ärger zu kontrollieren sorgt also dafür, dass man an dieses Problem gebunden bleibt.

Ärger kann mit Ölen der Gruppe 2 behandelt werden, es darf nicht zu optimistisch aber auch nicht zu schwer werden.

• • • • • • • • • • •

Die Emotionen im Zusammenhang mit Sicherheit

Alle höheren Emotionen wie Tugend, Empathie, Dankbarkeit uvm. können nur erlebt werden, wenn sich der Mensch sicher fühlt und der ventrale Parasympathikus dominant aktiv ist. Hier möchte ich drei dieser Emotionen besprechen. Es handelt sich um Erdung, Dankbarkeit und vor allem Akzeptanz.

• • • • • • • • • •

Erdung

Erdung bedeutet, sich mit der heilenden Energie der Erde und der Natur zu verbinden. Bewusstes Erden führt zurück in die dominante ventrale parasympathische Aktivierung. Man ist im Gleichgewicht - körperlich und geistig. Menntal erlebt man einen Zustand bewusster, präsenter Achtsamkeit. Auch wenn der Erdungsprozess nur wenige Minuten praktiziert wird, ist er enorm hilfreich, da der Körper sich in einem ausgeglichenen und heilenden Zustand befindet.

Dankbarkeit

Nichts verändert die Energie mehr in Richtung Sicherheit und Ausgeglichenheit als Dankbarkeit. Wie die Erdung ist auch das Gefühl der Dankbarkeit mit einer dominanten ventralen parasympathischen Energie verbunden. Die Neurowissenschaft konnte zeigen, dass Menschen, die täglich ein Dankbarkeitstagebuch führen oder Dankbarkeitsmeditationen durchführen, sich deutlich schneller von traumatischen Erlebnissen erholen als Menschen, die dies nicht tun.

Denn Dankbarkeit lenkt den Blick weg von dem, was uns ärgert, hin zu dem, was gut ist im Leben. Das führt zu positiveren Emotionen, zu mehr Lebendigkeit und zu mehr Einfühlungsvermögen und Freundlichkeit anderen gegenüber. Dankbarkeit befreit von dem Widerstand, Leid loszulassen.

· • • ● ● ● ● • • ·

Akzeptanz

Das wichtigste Gefühl bei der Arbeit mit Duftölen ist die radikale Akzeptanz. Das ist das Ziel, denn das verhindert den Gebrauch von Fixern.

Was das bedeutet, werde ich im folgenden Kapitel beschreiben, in dem eine Heilungsstrategie für die Arbeit mit Duftölen vorgeschlagen wird.

· • • ● ● • ● • • ·

Heilen mit ätherischen Ölen

In diesem Kapitel möchte ich ein Modell für ein heilendes Gespräch unter Einsatz von Duftölen vorstellen. Ich möchte jedoch betonen, dass dies mein Modell ist und keinen Anspruch auf Einzigartigkeit oder Wahrheit erhebt. Die Technik, die ich hier vorstellen möchte, basiert auf dem Modell von Elisabeth Kübler-Ross.

Elisabeth Kübler-Ross stellte die Idee vor, dass Menschen, die mit einem schweren Verlust konfrontiert sind, typischerweise fünf Phasen der Trauer durchlaufen: Verleugnung, Ärger, Verhandlung, Depression und Akzeptanz. Diese Phasen sollten nicht als starre Abfolge verstanden werden, sondern als ein möglicher Rahmen, um die Erfahrungen von Menschen in Zeiten des Verlustes zu verstehen.

• • • • • • • • • •

Wenn man sich die fünf Phasen betrachtet und die Emotionen, die damit verbunden sind, dann ergibt sich folgendes Muster:

1. **Verleugnung** = Freeze-Zustand, die Emotionen, die gefühlt und verarbeitet werden müssen sind Scham und Schuld.

2. **Ärger** = Fight (Kampf), die Emotion, die gewürdigt und dann losgelassen werden muss ist Ärger.

3. **Verhandlung** = Fawn (Beschwichtigen, Verhandeln), die Emotion, die gefühlt und verarbeitet werden muss ist: Grandiosität in einer milden Form, also eine Variante von Ärger.

4. **Depression** = Freeze-Zustand, diesmal aber im Kontakt mit Trauer und Apathie.

5. **Akzeptanz** = Sicherheit.

• • • ● • ● • • ••

Werden diese fünf Phasen auf das Bild des autonomen Nervensystems übertragen, so ergibt sich folgendes Bild:

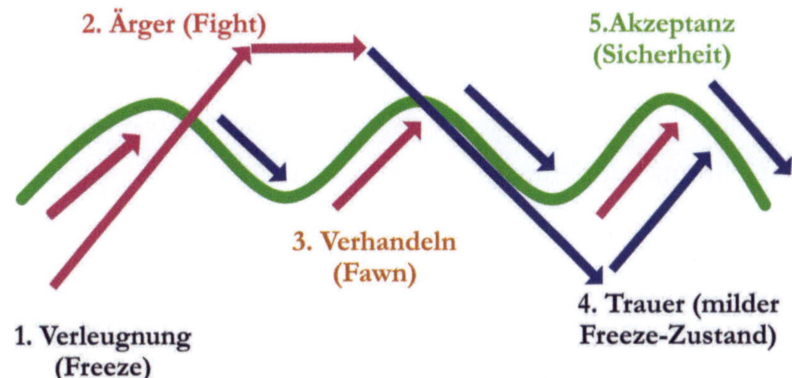

Abbildung 15: Elisabeth Kübler-Ross hatte richtig beobachtet, dass Menschen bei Verlusten Stressreaktionen mehrfach und in einer bestimmten Reihenfolge durchlaufen, bis sie einen neuen Zustand der Homöostase erreichen.

● ● ● ● ● ● ● ● ● ● ●

Kübler-Ross konnte das Modell von Porges noch nicht kennen, ihr berühmtes Buch, in welchem sie die fünf Trauerphasen darlegte: "On Death and Dying" (dt. "Interviews mit Sterbenden") im Jahr 1969.[1]

Sie scheint aber richtig beobachtet zu haben, dass Menschen, wenn sie etwas bewältigen müssen, um ein Gleichgewicht pendeln, bis sie ein neues Gleichgewicht gefunden haben.

Heilung ist ein persönlicher und transformierender Prozess. Die fünf Phasen der Trauer können mit Hilfe von Duftölen schneller durchlaufen werden als ohne. Dieser Prozess ermöglicht es, nicht nur mit Verlusten, sondern auch mit anderen Symptomen wie Schlafstörungen, Drogenkonsum oder Gewichtsproblemen umzugehen.

Und wenn wir die Phasen der Trauer verstehen und sie mit Mitgefühl und Unterstützung durchlaufen, können wir unser Selbstwertgefühl zurückgewinnen und eine positivere Zukunft gestalten. Trauer, wie sie hier beschrieben wird, ist nicht nur auf den Verlust von geliebten Menschen beschränkt, sondern paradoxerweise auch auf den Verlust von Symptomen, die man vielleicht lange Zeit gelebt hat und die Teil der eigenen Identität geworden sind.

Es ist sehr wichtig zu wissen, dass die Phasen selten so geordnet nacheinander ablaufen, wie hier beschrieben. Die Gefühle wechseln hin und her. Die Kenntnis der fünf Phasen hilft bei der Einschätzung, aber sie müssen nicht immer in der gleichen Reihenfolge durchlaufen werden. Flexibilität ist also gefragt.

Ich möchte daher den Prozess der Heilung mit Duftölen unter Beachtung der hier geschilderten Phasen am Beispiel eines häufigen Problems darstellen, nämlich des übermäßigen Konsums von Süßigkeiten. Dies ist ein sogenannter Fixer, wie in Kapitel 3 beschrieben. Es ist eine kurzfristige Lösung für ein emotionales Problem, um eine Stressreaktion zu bewältigen.

•••••••••••

Ein heilendes Gespräch

Eine Klientin möchte sich mit Hilfe von Aromaölen von ihrer Sucht nach Schokolade und anderen Süßigkeiten befreien. Sie möchte einen gelassenen Umgang mit Süßem entwickeln und nicht mehr bei jedem Stress zwanghaft große Mengen Schokolade essen.

•••••••••

Verleugnung

Die erste Phase, über die wir sprechen werden ist Leugnung und Unglauben.

Die Frage lautet also:

Ist Ihnen bewusst, wie sehr Sie das Problem der Süßigkeiten jetzt schon in ihrem Leben einschränkt? Schildern Sie mir so achtsam und entspannt und in so wenigen Worte wie möglich, was Ihnen als Antwort auf diese Frage einfällt.

Die Kundin ist in Bezug auf das Problem in einem sogenannten Freeze-Zustand. Wahrscheinlich schämt sie sich für ihren Konsum, aber dieser Zustand hält sie auch im Problem fest.

Die Bitte um eine möglichst kurze Darstellung holt die Klientin aus dem Freeze-Zustand heraus, weil sie zur Konzentration auf das Wesentliche zwingt und den Neokortex aktiviert.

Die Antwort könnte also lauten: Ich habe gesundheitliche Probleme. Ich bin stark übergewichtig und kann mich kaum noch bewegen.

Sie lassen diese Klientin an einem Öl der Gruppe 3 riechen. Als Beispiel: Orangenöl.

Während die Kundin an dem Orangenöl riecht fragen Sie sie: Was fühlen Sie, wenn Sie weiterhin Süßigkeiten essen, obwohl es Ihnen schadet? Nehmen Sie achtsam und bewusst wahr, was sie fühlen.

Die Kundin könnte antworten: Hilflosigkeit, Selbstablehnung - das sind alles Begriffe, die Menschen für Scham verwenden. Also lassen Sie sie weiter am Öl riechen und fragen:

Können Sie sich vorstellen, die Scham loszulassen? Zu akzeptieren, dass man nicht hilflos ist? Dass es nicht hoffnungslos ist?

Lassen Sie die Kundin jetzt an einem Öl mit etwas geringerem Molekulargewicht riechen, vielleicht Ylang-Ylang.

Sprechen Sie mit der Klientin über die Verleugnung, bis Sie und die Klientin das Gefühl haben, dass die Verleugnung aufgelöst ist. Die Klientin ist bereit zu akzeptieren, dass sie einen Fixer nimmt. Sie ist auch bereit zu akzeptieren, dass dieser Fixer nicht gut für sie ist, dass sie sich aber in dem Problem festhält, indem sie das Problem verleugnet. Sie können für diesen Prozess Öle der Gruppe 3 verwenden (dies ist eine Empfehlung, natürlich können gegen Ende des Prozesses auch Öle der Gruppe 2 verwendet werden).

Ärger und Wut

Die nächste Emotion könnte Wut und/oder Ärger sein.

Die Frage könnte sein: Welche Erinnerungen verbinden Sie mit Süßigkeiten als sie ein Kind waren?

Es könnte sein, dass die Klientin erkennt, dass sie als Kind für gute Leistungen immer mit Schokolade belohnt wurde, dass Feste immer mit Süßigkeiten gefeiert wurden, dass ihr der Mund mit Keksen regelrecht gestopft wurde. Besonders dann, wenn sie ärgerlich war. Das die Mutter Liebe mit Keksen verwechselte oder mit Bonbons. Das Emotionen nie erlaubt waren.

Es ist wichtig, dass wir jetzt den aufkommenden Ärger als legitim anerkennen und ihn auf keinen Fall versuchen ihn zum Verschwinden bringen. Der Ärger muss und darf gewürdigt werden. Er ist legitim.

Wenn die Klientin sagt: "Ich fange an, mich wirklich wütend zu fühlen", bestätigen sie das und lassen sie wissen, dass das in Ordnung ist. Es ist mehr als in Ordnung, wütend zu sein. Ihre Wut ist berechtigt. Die Emotion Wut sagt uns, dass wir etwas Ungerechtes erlebt haben. Das Gefühl ist eine Information. Sie ist eine Information für uns.

Sie sagt uns, dass wir schlecht behandelt wurden und es ist ein Überlebensmechanismus, diese Emotion des Ärgers. Sie ist nützlich für uns. Ehren Sie Ihren Ärger, erlauben Sie Ihrem Ärger da zu sein. Erlauben Sie Ihren Gefühlen, durchzukommen und geben Sie sich Raum und Zeit, diese wichtigen Gefühle zu verarbeiten.

Auch wenn Sie selbst noch so sehr anderer Meinung sind und auch wenn es Ihnen auf der Zunge liegt zu sagen: Aber die Mamma hat es doch lieb gemeint....dies ist nicht der Moment zu beschwichtigen. Geben Sie der Klientin Recht. Sagen Sie Ihr, sie ist mit Ihrer Wut und ihrem Ärger im Recht.

Sie können, währen Sie mit der Klientin über ihren Ärger sprechen, diese an einem Öl der Gruppe 2 riechen lassen, zum Beispiel: Lavendel.

Wenn die Wut oder der Ärger nachlässt, kann es sein, dass die Klientin beginnt, sich über sich selbst zu ärgern. In diesem Fall ist es angebracht, ihr zu erklären, dass wir alle Ideen von unseren Eltern übernommen haben und dass wir in der Regel Dinge in einer Lebensphase lernen, in der wir sie noch nicht kritisch hinterfragen können.

• • ● ●• ● ● ● ● •• •

Verhandeln

Wenn der Ärger gewürdigt und aufgelöst ist, beginnt die Phase des Verhandelns.

Die Frage könnte lauten: Wenn Sie keine Süßigkeiten mehr essen, wie möchten Sie künftig schmerzhafte Gefühle bewältigen? Was werden Sie tun, wenn Sie unter Suchtdruck leiden?

Verhandeln wird bereits von einer kommenden Trauer bzw. Depression ausgelöst.

Während Sie diese Frage stellen, lassen Sie die Klientin an einem Öl der Gruppe 1 riechen – denn jetzt ist Optimismus vonnöten. Beispiel: Vanille oder Limette.

Denn nun könnte es sein, dass die Klientin beginnt depressiv zu reagieren und zu verhandeln. Darf ich wirklich nie mehr? Dann ist möglich, ihr zu verdeutlichen, dass Essen von Süßigkeiten nicht lebensnotwendig ist und auch nicht das Einzige, was Spaß macht.

Diese beiden Glaubenssätze: "Es ist lebensnotwendig" (obwohl es das nicht ist, aber der emotionale Teil unseres Gehirns hat gelernt, so zu denken) und "Es ist das Einzige, was Spaß macht" sind der zentrale Bestandteil jeder Sucht. Wenn Kinder im Elternhaus lernen, dass Liebe bedeutet, es gibt Bonbons, dann lernt das Gehirn, Bonbons sind das, was Liebe ist (was Spaß macht). Es kann sich mit der Zeit kaum noch andere Lösungen vorstellen.

Die nächste Frage kann also sein: Was fühlen Sie, wenn sie glauben, dass Süßigkeiten das Einzige sind was Spaß macht?

Die Antwort ist höchstwahrscheinlich negativ. Es könnte sein: Wut, Ekel, Verzweiflung...akzeptieren Sie alles was kommt. Würdigen Sie alles was kommt. Lassen Sie erneut an Vanille oder Limette riechen.

Wenn die Klientin verstanden hat, dass Süßes nicht bedeutet, geliebt zu werden, dass diese Verbindung etwas ist, das sie in ihrer Kindheit gelernt hat, ist es Zeit, diese Verbindung aufzugeben.

Bitten Sie sie, diese Verbindung noch einmal ganz zu spüren und dann loszulassen. Wiederholen Sie diesen Prozess, bis die Klientin wirklich sagen kann: Ja, ich lasse die Verbindung los. Es geht nicht um Dürfen. Es geht um das Wollen. Ich will es nicht mehr.

$$\bullet\;\bullet\;\bullet\;\bullet\;\bullet\;\bullet\;\bullet\;\bullet\;\bullet\;\bullet\;\bullet$$

Depression

Es ist wichtig zu wissen, die Kundin hat jetzt etwas verloren – nämlich eine Lösung. Das klingt vielleicht paradox, denn genau das wollte sie ja, als sie kam. Aber das ist nur ein Teil der Wahrheit. Ein Teil von ihr hat die alte Lösung nämlich geliebt. Und dieser Teil muss nun den Verlust der alten Lösung betrauern.

Das Gefühl, das zugelassen werden muss ist Trauer und Depression. Es ist aber nicht mehr die Depression des Anfangs, sondern eine bereits gesündere Variante von Trauer und Depression.

Jetzt ist es wichtig, wieder Öle der Gruppe 3 und dann der Gruppe 2 zu verwenden und sich von der alten Lösung zu verabschieden. Diese Phase kann relativ kurz sein, wenn es sich um kleinere Probleme handelt, und sehr lange dauern, wenn es sich um größere Verluste handelt.

$$\bullet\;\bullet\;\bullet\;\bullet\;\bullet\;\bullet\;\bullet\;\bullet\;\bullet$$

Akzeptanz

Die Form von Akzeptanz, die hier gewählt wird, ist die sogenannte radikale Akzeptanz. Akzeptanz ist der Schlüssel zum Erfolg. Es ist eine vollständige und totale Offenheit gegenüber den Tatsachen der Realität, so wie sie sind, ohne Urteil und ohne einen Wutanfall zu bekommen oder mit Ineffizienz zu reagieren. Es wird also nicht mehr mit Kampf oder Flucht auf die Realität reagiert und auch nicht mehr mit Freeze und Verleugnung.

Radikale Akzeptanz beruht auf der Grundannahme, dass emotionaler Schmerz ein normaler, natürlicher Teil des Lebens ist. Schmerz ist ein Gefühl 1. Ordnung, wie in Kapitel 5 dargestellt, es ist nicht vollständig kontrollierbar und daher auch nicht immer vermeidbar, dass uns Autofahrer schneiden, der Winter einbricht und/oder unsere Lieben uns verlassen. Die Frage ist, mit welcher Geschichte reagiert man auf diesen Schmerz 1. Ordnung.

Ich wähle ein banales Beispiel, um das Prinzip zu verdeutlichen. Jemand verpasst sein Flugzeug. Der Schmerz darüber ist ein Gefühl 1. Ordnung. Wie in Kapitel 5 vorgestellt, beginnt er nun sich eine Geschichte zu erzählen.

Ein typischer Gedanke wäre: Ich kann nicht glauben, dass ich meinen Flug verpasst habe. Das ist eine Katastrophe. Jetzt ist alles ruiniert. Ich kann meine Reise nicht mehr genießen.

Radikales Akzeptanzdenken würde so etwas sagen wie: Ich habe meinen Flug verpasst. Das ist enttäuschend, aber ich akzeptiere, dass das manchmal passiert. Ich schaue, ob ich einen anderen Flug buchen kann und treffe alternative Vorkehrungen.

Radikale Akzeptanz leugnet nicht die Fakten und beschönigt nichts. Der Flug ist weg. Es gibt ein Problem. Es war ungewollt. Aber die erzählte Geschichte basiert nicht auf Kampf-oder-Flucht und auch nicht auf Selbsthass oder Depression. Ich akzeptiere, dass ich jetzt frustriert bin. Ich akzeptiere, das es so ist. Das mildert die Gefühle 1. Ordnung sofort ab und lässt keine weitere negativen Emotionen aufkommen.

Im Falle von Süßigkeiten wäre radikale Akzeptanz: Ich habe Süßigkeiten als Fixer benutzt. Ich akzeptiere, dass ich es so gelernt und benutzt habe. Ich akzeptiere, dass ich etwas Neues lernen und praktizieren kann. Ich werde von nun an so achtsam mit meinen Geschichten, Emotionen und körperlichen Empfindungen umgehen, dass ich diesen Fixer loslassen kann.

Die Erarbeitung radikaler Akzeptanz kann einige Zeit in Anspruch nehmen, denn jetzt muss eine neue Interpretation der Vergangenheit gefunden werden, die diese nicht ableugnet, nicht idealisiert sondern akzeptiert und so den Weg für die Zukunft frei macht.

Öle der Gruppe 2 und 1 können hier helfen. Zum Beispiel Sandelholz und dann Grapefruit, Limette, Zitrone.

• • • • ● • ● • ● • ●

Das hier geschilderte Verfahren macht eines deutlich: Ich sehe die Arbeit mit Duftölen als Mittel, psychotherapeutische Prozesse zu unterstützen. Ich sehe sie im Zusammenhang mit Gespräch oder Meditationen zur Selbstanwendung.

Die wichtigsten Vorschläge, die ich in diesem Buch gemacht habe, basieren auf der Grundidee der Gedächtnisrekonsolidierung. Dabei werden Techniken eingesetzt, um belastende Emotionen von Erinnerungen zu lösen. Die Durchbrüche der Neurowissenschaft in den letzten vier Jahren haben uns Kenntnisse geschenkt, die vielen Menschen beispielsweise von quälenden Süchten befreien können.

Ätherische Öle sind wunderbare Hilfen. Sie sind genau das. Sie können m.E. keinen therapeutischen Prozess ersetzen, aber sie können viele Probleme des Alltags so lindern, dass Probleme gar nicht erst eskalieren.

Ätherische Öle sind also ein Geschenk der Natur. Wir sind eingeladen, dieses Geschenk achtsam zu nutzen und zu genießen.

• • • ● ● • ● ● ● • •

---

1. Kübler-Ross, 2014

DUFTMISCHUNGEN

Hier möchte ich zum Abschluss einige bewährte Duftmischungen anbieten. Alle Öle werden mit Wasser gemischt und in einem Diffusor verdampft.

•••••••••••

Abbildung 16: Alle Tropfen mit Wasser mischen und in einen Diffusor geben!

Gewichtsreduktion

Abbildung 17: 1 Tropfen Eukalyptus, 1 Tropfen Zimt, 1 Tropfen Rosmarin, 1 Tropfen Orange, 1 Tropfen Limone, 1 Tropfen Vanille

• • • • ● • ● • • • •

Zu dieser Duftmischung wird eine Duftmeditation mit dem Namen "Abnehmen mit ätherischen Ölen" angeboten.

• • • ● ● • ● • • • •

Freeze überwinden

Abbildung 18: Jeweils 2 Tropfen: Orangenöl – Ylang Ylang – Lavendel – Sandelholz – Limone

• • • • • • • • • • •

Zu dieser Duftmischung wird eine Duftmeditation mit dem Namen "Freeze überwinden mit ätherischen Ölen" angeboten.

• • • • • • • • • • •

Gesunder Schlaf

Abbildung 19: 2 Tropfen Kamille, 2 Tropfen Lavendel, 2 Tropfen Vetiver

• • • • • • • • • • •

Zu dieser Duftmischung wird eine Duftmeditation mit dem Namen "Gesunder Schlaf mit ätherischen Ölen" angeboten.

• • • • • • • • • •

Dankbarkeit

Abbildung 20: 1 Tropfen Grapefruit, 1 Tropfen Bergamotte, 1 Tropfen Limone, 1 Tropfen Orange, 1 Tropfen Vanille

• • • • • • • • • • •

Zu dieser Duftmischung wird eine Duftmeditation mit dem Namen "Dankbarkeit mit ätherischen Ölen" angeboten.

• • • • • • • • • •

Durchatmen

Abbildung 21: 1 Tropfen Kardamon, 1 Tropfen Pfefferminz, 1 Tropfen Eukalyptus, 1 Tropfen Rosmarin, 1 Tropfen Teebaumöl, 1 Tropfen Limone

• • • ● • ● • ● • • •

Zu dieser Duftmischung wird eine Duftmeditation mit dem Namen "Durchatmen mit ätherischen Ölen" angeboten.

• • • ● • ● • ● • • •

Positive Intention

Abbildung 22: 3 Tropfen Orange, 1 Tropfen Ylang Ylang, 1 Tropfen Bergamotte

• • • • • • • • • • •

Zu dieser Duftmischung wird eine Duftmeditation mit dem Namen "Positive Intention mit ätherischen Ölen" angeboten.

• • • • • • • • • • •

Öle Gruppe 1 (< 200)

Ätherisches Öl | Lateinischer Name

Molekulargewicht (g/mol) - leicht verdunstende Öle

Ätherisches Öl	Lateinischer Name	Molekulargewicht
Zimt	Cinnamomum	132,16
Limettenöl	Citrus aurantiifolia	136
Rosmarin	Rosmarinus officinalis.	136-154
Myrrheöl	Commiphora myrrha	152
Geranienöl	Pelargonium graveolens	154
Petitgrainöl	Citrus aurantium	154
Zitronenöl	Citrul limon	154
Pfefferminz	Mentha x piperita	156,27
Vanille	Vanilla planifolia	162,2
Nelke	Syzygium aromaticum.	164,2
Grapefruitöl	Citrus paradisi	175

Die Angaben für das Molekulargewicht sind ungefähre Angaben und können
je nach Produkt variieren.

Öle Gruppe 2 (200 – 300)

Ätherisches Öl | Lateinischer Name

Molekulargewicht (g/mol) - mäßig langsam verdunstende
Öle

Vetiveröl	Vetiveria zizanioides	218
Sandelholzöl	Santalum album	221
Weihrauchöl	Boswellia serrata	274
Kamillenöl	Matricaria chamomilla	282
Lavendelöl	Lavandula angustifolia	286
Patchouliöl	Pogostemon cablin	294

Die Angaben für das Molekulargewicht sind ungefähre Angaben und können
je nach Produkt variieren.

Öle Gruppe 3 (> 300)

Ätherisches Öl | Lateinischer Name

Molekulargewicht (g/mol) - langsam verdunstende Öle

Ylang-Ylang-Öl	Cananga odorata	312
Bergamotteöl	Citrus bergamia	309
Kardamom	Elettaria cardamomum	325,48
Zedernholzöl	Cedrus atlantica	328
Orangenöl	Citrus sinensis	332
Angelikawurzelöl	Angelica archangelica	386

Die Angaben für das Molekulargewicht sind ungefähre Angaben und können
je nach Produkt variieren.

QUELLENVERZEICHNIS

Baumeister, Roy, and John Tierney. *Die Macht der Disziplin. Wie wir unseren Willen trainieren können.* Translated by Jürgen Neubauer. Vols. Willpower. Rediscovering the Greatest Human Strength, 2011. Frankfurt am Main: Campus Verlag GmbH, 2012.

Benson, Herbert. *The Relaxation Response.* New York, USA: William Morrow and Company, Inc., 1975.

Brewer, Judson, interview by Chef AJ. *How To Break Old Habbits And Build New Ones Effectively.* USA, (2020).

Fisher, Janina, interview by Ruth Bucynski. *Interview zum Thema Scham* (2016).

Gilligan, James. *Violence: Reflections on Our Deadliest Epidemic.* New York: G.P. Putnam's Sons, 1996.

Jochims, Inke. *Meistere den Stress. Eine Einführung in die Polyvagal-Theorie.* Norderstedt: BoD, 2020.

Kübler-Ross, Elisabeth. *On Death and Dying: What the Dying Have to Teach Doctors, Nurses, Clergy and Their Own Families.* Vol. Original erschien 1969. New York City: Simon & Schuster, 2014.

Newberg, Andrew, and Mark Waldman. *Der Fingerabdruck Gottes. Wie religiöse und spirituelle Erfahrungen unser Gehirn verändern.* Vols. How God changes your Brain, 2009. München: Wilhelm Goldman Verlag, 2012.

—. *How Enlightenment Changes Your Brain: The New Science of Transformation.* USA: Avery, 2016.

Porges, Stephen W. & Dana, Deb (Editors). *Clinical Applications of The Polyvagal Theory. The Emergence of Polyvagal-Informed Therapies.* New York: W. W. Norton & Company, Inc., 2018.

Porges, Stephen W., interview by Jeffrey Rutstein. *Connectedness as a Biological Imperative: Understanding Trauma Through the Lens of the Polyvagal Theory.* USA, (2018).

—. *Die Polyvagal-Theorie und die Suche nach Sicherheit.* Lichtenau/Wesff.: G. P. Probst Verlag GmbH, 2018.

Solms, Mark. *The Hidden Spring. A Journey to the Source of Consciousness.* Great Britain: Clays Ltd, Elcograf S.p.A., 2021.

—. *The Hiddenn Spring: Warum wir fühlen, was wir sind.* Vols. The Hidden Spring. A Journey to the Source of Consciousness, GB, 2021. Freiburg: J. G. Cotta'sche Buchhandlung Nnachfolger GmbH, gegr. 1659 ,Stuttgart, 203.

Waldman, Mark. *Neurowisdom-101.* USA, 2016.

Alle digitalen Produkte von Inke Jochims finden Sie auf dieser Seite:

Der Shop von Inke Jochims

https://www.myablefy.com/s/inke-jochims

Stöbern und kaufen Sie alle digitalen Produkte von Inke Jochims

https://myablefy.com/